다락원
다이나믹
일본어
작문

초급

머리말

본 교재는 처음으로 일본어 작문을 시작하는 학습자를 대상으로 기초 문형을 익히면서 자연스럽게 글쓰기를 할 수 있도록 유도된 초급 작문교재입니다.

글쓰기의 최종 목표는 글을 통해 다른 사람과 커뮤니케이션을 하는 것입니다. 우리는 자신의 생각이나 감정, 느낌 등을 다른 사람에게 전달하고 이해시키기 위해 글쓰기를 합니다. 글쓰기는 우리말로 쓰는 것이나 외국어로 쓰는 것이나 궁극적인 목적에는 변함이 없습니다. 다만, 외국어의 경우, 익숙하지 않기 때문에 더 당황스럽고 어렵게 느껴지는 것입니다. 이와 같은 어려움을 해소하기 위해 본 교재는 우리말과 일본어를 비교하면서 작문에 접근할 수 있도록 구성하였습니다. 또한 그림을 보면서 보다 재미있고, 쉽게 쓰기 연습을 학습할 수 있도록 하였으며, 작문에 익숙하지 않은 초급 작문 학습자를 위해 질문지를 마련하여 주제에 관해 충분히 생각해 볼 수 있는 기회를 제공하였습니다.

본 교재의 특징은 다음과 같습니다.

1. 모든 작문 주제는 '나'를 중심으로 구성하여 쉽게 쓸 수 있도록 하였습니다.
2. 한국어로 된 미리보기를 통해 한국어와 일본어의 표현의 차이를 한눈에 알아볼 수 있도록 하였습니다.
3. 기초 문형을 정리하여 초급 학습자가 안심하고 작문을 수행할 수 있도록 하였습니다.
4. 재미있는 그림을 보면서 각 과의 핵심내용에 관해 작문연습을 할 수 있도록 하였습니다.
5. 본격적인 작문을 하기 이전에 각 과의 주제에 맞는 질문지를 마련하여 생각을 충분히 정리해 볼 수 있도록 하였습니다.
6. 질문지를 바탕으로 실제 작문을 해 봄으로써 작문에 익숙하지 않은 학습자도 글쓰기를 할 수 있도록 하였습니다.
7. 글쓰기와 관련된 단어나 어구를 소개하여 보다 다양한 표현이 가능하도록 하였습니다.

요즘 논리적인 글을 쓰기 위해 노력하는 사람들이 많습니다. 그러나 논리적인 글쓰기를 배우기 이전에 쓰는 것에 익숙해지는 것이 중요합니다. 아주 간단한 메모라도 계속 쓰다보면 표현력은 향상되기 마련입니다. 만물의 생김새나 색깔이 모두 다르듯이 여러분들만의 색깔이나 느낌을 가진 글쓰기가 가능하도록 초급부터 조금씩 노력해 보시기 바랍니다. 이 교재는 그러한 분들에게 반드시 큰 도움이 될 것입니다.

마지막으로 이 교재가 출판되기까지 애써주신 다락원의 정규도 사장님과 일본어출판부 여러분들에게 감사의 말씀을 드립니다.

저자일동

이 책의 구성과 특징

① 이 책은 일본어 기초 학습을 마치고, 처음 일본어 작문을 시작하는 학습자를 대상으로 한 강의용 작문 교재입니다.

② 전체 구성은 1과~16과로, 일본어 입문자들이 알아야 할 일본어 기초 문법과 문형을 바탕으로 구성하였습니다.

③ 각 과는 미리 보기, 표현 보기, 포인트 작문, 체크&챌린지, 워드파워로 구성되었습니다.

미리 보기
한국어로 새로 학습할 내용에 대해 생각해 보도록 합니다.

표현 보기의 문형 설명이 있는 페이지를 안내합니다.

표현 보기

학습한 내용을 바로 문제로 확인합니다.

Tip 주의점을 실었습니다.

단어 각 과에 나오는 새로운 단어를 정리하였습니다.

표현 보기에서 학습한 내용을 그림을 보며 작문합니다.

포인트 작문

미리 보기에 나온 문장을 이용해서 작문합니다.

단어 작문에 필요한 단어를 정리하였습니다.

체크 & 챌린지

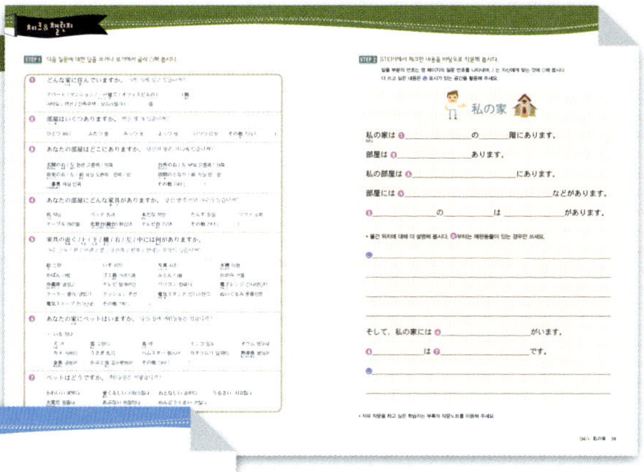

STEP 1 표를 보며 자신에게 맞는 내용을 골라 작문하기 쉽게 했습니다.

STEP 2 step1 에서 체크한 내용을 바탕으로 자유롭게 작문합니다.

워드파워

본문의 내용과 관련있는 단어와 문형을 그림과 함께 제시했습니다.

부록

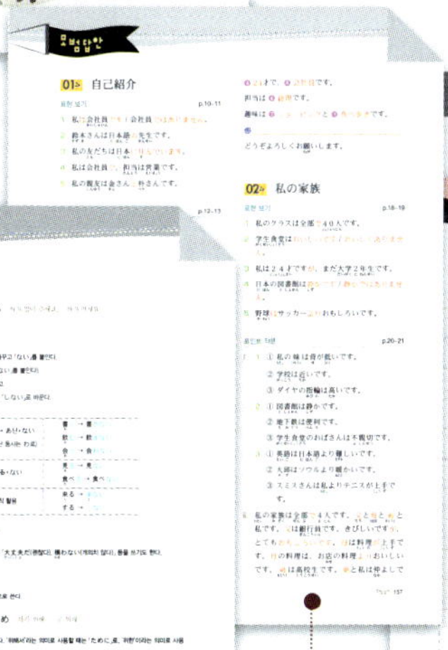

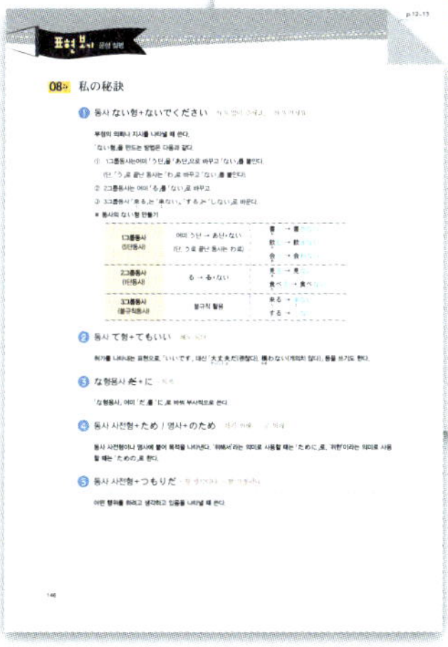

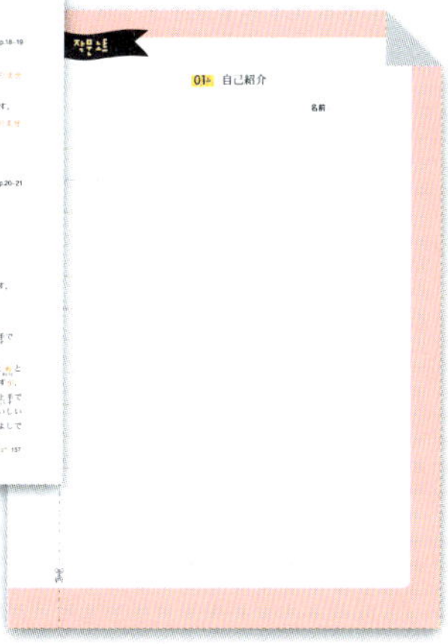

표현 보기 표현 보기의 문형, 문법을 보기 쉽게 정리했습니다.

모범 답안 각 과의 문제의 정답을 실었습니다.

작문 노트 자유 작문이나 과제로 이용해 주세요.

이 책의 학습 포인트

01과 自己紹介
① 명사+は~명사+です / ではありません　② 명사+の　③ 명사+に住んでいます
④ 명사+で　⑤ 명사+と

02과 私の家族
① 명사+で　② い형용사+です / い형용사 어간+くありません　③ 문장+が
④ な형용사 어간+です / な형용사 어간+ではありません
⑤ 명사は+명사より+い형용사+です / 명사は+명사より+な형용사 어간+です

03과 私の好きな季節
① 명사の中で+명사が+一番+い형용사+です / 명사の中で+명사が+一番+な형용사 어간+です
② い형용사 어간 +くて / な형용사+で　③ い형용사・な형용사+からです
④ い형용사+명사 / な형용사 어간+な+명사　⑤ 명사+が

04과 私の家
① 명사+がある / いる　② 명사+には~ある / いる　③ 명사+や+명사+など
④ 명사+の上 / 中 / 下　⑤ 명사+も

05과 私の一日
① 동사의 ます형+ます / ません　② 동사 ます형+ながら　③ 명사+から、명사+まで
④ 조사

06과 私の得意料理
① 동사 ます형+方　② 명사+に　③ 동사의 て형+て
④ 동사 て형+てください　⑤ 동사 ます형+やすい

07과 私のほしいもの
① 명사+がほしい　② 동사 ます형+たい　③ 동사 て형+ている　④ い형용사 い+く
⑤ 동사 て형+てみる

08과 私の秘訣
① 동사 ない형+ないでください　② 동사 て형+てもいい　③ な형용사 だ+に
④ 동사 사전형+ため / 명사+のため　⑤ 동사 사전형+つもりだ

09과 私の旅の思い出
① 동사 た형+たことがある　② 동사 ます형+ました / ませんでした
③ 동사 て형+てしまう　④ 보통체형+ので(단, 명사 な・な형용사 な+ので)
⑤ い형용사 어간+かったです / くありませんでした, な형용사 어간+でした / ではありませんでした

10과 私の故郷
① 명사+という　② 동사의 명사 수식형　③ 명사 수식형+とき　④ 동사 た형+たり
⑤ 의문사+か　⑥ 보통체형+と思う

11과 私の夢
① 명사+になる　② 동사 사전형+こと　③ 동사 사전형+前　④ 동사 た형+た後
⑤ 동사 ない형+なければならない　⑥ 동사 의지형+と思う

12과 私のできること
① 동사 사전형+ことができる　② 동사의 가능형　③ 동사 사전형・가능형+ようになる
④ 동사 て형+てから　⑤ 동사의 사전형+の

13과 私の忘れられない人
① 동사 た형+たばかり　② (まるで)+명사+のようだ　③ 동사 て형+てくれる
④ 동사 て형+てもらう　⑤ 동사 て형+てあげる

14과 私の韓国おすすめスポット
① 보통체형+なら(단, 명사・な형용사 だ+なら)　② 가정형+ば　③ 보통체형 과거+ら　④ 명사+ではなく
⑤ 보통체형+でしょう(단, 명사・な형용사 だ+でしょう)　⑥ 동사 ます형+に+이동동사

15과 私の性格
① い형용사 い・な형용사 だ・동사 ます형+そうだ　② 보통체형+らしい(단, 명사・な형용사 だ+らしい)
③ 보통체형+と言われる　④ 보통체형+かもしれない(단, 명사・な형용사 だ+かもしれない)
⑤ 동사 사전형+ようにする

16과 私の好きな歌
① 보통체형+そうだ　② 보통체형+のに(단, 명사 な・な형용사 な+のに)
③ 보통체형+ようだ(단, 명사 の・な형용사 な+ようだ)　④ い형용사 い・な형용사 だ・동사 ます형+すぎる
⑤ 동사 사전형+と　⑥ い형용사 い+くなる / な형용사 だ+になる

차례

머리말 3
이 책의 구성과 특징 4
이 책의 학습 포인트 6

01 自己紹介 9
02 私の家族 17
03 私の好きな季節 25
04 私の家 33
05 私の一日 41
06 私の得意料理 49
07 私のほしいもの 57
08 私の秘訣 65
09 私の旅の思い出 73
10 私の故郷 81
11 私の夢 89
12 私のできること 97
13 私の忘れられない人 105
14 私の韓国おすすめスポット 113
15 私の性格 121
16 私の好きな歌 129

부록

① 표현 보기 문형 설명 138
② 모범 답안 157
③ 작문 노트 167

01과 自己紹介
じ　こ　しょう かい

> 미리 보기

◆ 다음 한국어 문장을 읽고, 오늘의 학습 내용을 생각해 봅시다.

처음 뵙겠습니다. 저의 이름은 이유리입니다. 출신은 부산입니다.
　　　　　　　　私の名前はイ・ユリです　　出身はプサンです

하지만 지금은 서울에 살고 있습니다.
　　　　今はソウルに住んでいます

20살이고, 대학교 1학년입니다.
20才で

전공은 경제입니다.

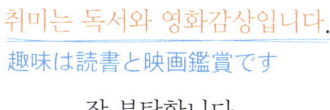

취미는 독서와 영화감상입니다.
趣味は読書と映画鑑賞です

잘 부탁합니다.

표현 보기

문형 설명은 P.138 참조

1 명사＋は～명사＋です / ではありません ~은 ~입니다 / ~은 ~이 아닙니다

- 出身は釜山です / 釜山ではありません。
  しゅっしん　ブサン
- 私は大学１年生です / 大学１年生ではありません。
  わたし　だいがくいちねんせい

　私＿＿＿＿会社員＿＿＿＿＿＿ / 会社員＿＿＿＿＿＿＿＿＿＿＿＿。
　　　　　　かいしゃいん
　저는 회사원입니다.　　　　　　　 / 회사원이 아닙니다.

2 명사＋の ~의, ~인

- 私の名前はイ・ユリです。
  　　なまえ
- 佐藤さんの仕事は何ですか。
  さとう　　しごと　なん

　鈴木さんは日本語＿＿＿＿先生です。
　すずき　　にほんご　　せんせい
　스즈키 씨는 일본어 선생님입니다.

3 명사＋に住んでいます ~에 살고 있습니다
　　　　　　す

- 今はソウルに住んでいます。
  いま
- 私は仁川に住んでいます。
  　　インチョン

　私の友だちは日本＿＿＿＿＿＿＿＿＿＿＿＿＿。
　　とも　　　にほん
　제 친구는 일본에 살고 있습니다.

4 명사 + で ~이고, ~이며

- 私は20才で、大学1年生です。
   はたち
- 私は大学3年生で、専攻はコンピューター工学です。
   　　　さん　　　　　せんこう　　　　　　　　　こうがく

  ✏ 私は会社員_____、担当は営業です。
   　　　　　　　　　　　たんとう　　えいぎょう
   저는 회사원이고, 담당은 영업입니다.

5 명사 + と ~과, 와

- 趣味は読書と映画鑑賞です。
   しゅみ　どくしょ　えいがかんしょう
- 休みは土曜日と日曜日です。
   やす　どようび　にちようび

  ✏ 私の親友は金さん_____朴さんです。
   　　しんゆう　キム　　　　　　　パク
   제 친한 친구는 김 씨와 박 씨입니다.

出身 출신	私 나, 저	大学 대학	~年生 ~학년	会社員 회사원	名前 이름	~さん ~씨	仕事 일	何 무엇	日本 일본	~語 ~어
先生 선생님	住む 살다	今 지금	友だち 친구	20才 스무 살	専攻 전공	コンピューター 컴퓨터	工学 공학	担当 담당
営業 영업	趣味 취미	読書 독서	映画 영화	鑑賞 감상	休み 휴가, 휴일	土曜日 토요일	日曜日 일요일	親友 (친한) 친구

포인트 작문

I 그림을 보고 보기와 같이 작문해 봅시다.

 金さん / 韓国人
　　キム　　かんこくじん
→ 金さんは韓国人です。

1 朴さん / 軍人　➡ _____
　バク　　ぐんじん
2 佐藤さん / 会社員　➡ _____
　さとう　　かいしゃいん
3 鈴木さん / 高校生　➡ _____
　すずき　　こうこうせい

 鈴木さん / 趣味 / テニス / 音楽鑑賞
　　　　　　しゅみ　　　　おんがくかんしょう
→ 鈴木さんの趣味はテニスと音楽鑑賞です。

1 私 / 友だち / 高橋さん / 田中さん　➡ _____
　わたし　とも　　たかはし　　たなか
2 金さん / 専攻 / 日本語 / 経済　➡ _____
　　　　　せんこう　にほんご　けいざい
3 スミスさん / 休み / 月曜日 / 金曜日　➡ _____
　　　　　　　やす　　げつようび　きんようび

❸  佐藤さん / 会社員 / 担当 / 人事
　　　　　　　→ 佐藤さんは会社員で、担当は人事です。

1　金さん / 大学生 / 趣味 / サッカー　→ _____
2　スミスさん / アメリカ人 / 仕事 / 教師　→ _____
3　私 / 医者 / 出身 / 済州島　→ _____

Ⅱ　다음은 미리 보기의 문장입니다. 한국어를 참고하여 빈칸에 알맞은 말을 써 봅시다.

はじめまして。私＿＿＿名前＿＿＿イ・ユリ＿＿＿＿。出身＿＿＿プサン＿＿＿＿。でも、今＿＿＿ソウル＿＿＿＿＿＿＿＿＿。20才＿＿＿、大学１年生＿＿＿＿＿。専攻＿＿＿経済＿＿＿＿。趣味＿＿＿読書＿＿＿映画鑑賞＿＿＿＿。どうぞよろしくお願いします。

처음 뵙겠습니다. 저의 이름은 이유리입니다. 출신은 부산입니다. 하지만 지금은 서울에 살고 있습니다. 20살이고, 대학교 1학년입니다. 전공은 경제입니다. 취미는 독서와 영화감상입니다. 아무쪼록 잘 부탁합니다.

단어

軍人 군인 ｜ 高校生 고등학생 ｜ テニス 테니스 ｜ 音楽 음악 ｜ 経済 경제 ｜ 月曜日 월요일 ｜ 金曜日 금요일 ｜ 人事 인사 ｜ 大学生 대학생
サッカー 축구 ｜ 教師 교사 ｜ 医者 의사 ｜ でも 그렇지만 ｜ どうぞ 아무쪼록

체크 & 챌린지

STEP 1 다음 질문에 대한 답을 쓰거나 보기에서 골라 ○해 봅시다.

❶ 名前 이름

❷ 出身はどこですか。 출신은 어디입니까?

ソウル 서울	仁川 인천	大田 대전	大邱 대구	蔚山 울산	光州 광주
釜山 부산	江原道 강원도	京畿道 경기도	忠清道 충청도	慶尚道 경상도	全羅道 전라도
済州島 제주도	その他 기타 ( )

❸ 今、どこに住んでいますか。 지금 어디에 살고 있습니까?

① 今も( )に住んでいます。 지금도 ( ) 에 살고 있습니다.
② 今は( )に住んでいます。 지금은 ( ) 에 살고 있습니다.

❹ 何才ですか。 몇 살입니까?　満 만 ( ) 才 세

❺ 仕事は何ですか。 직업은 무엇입니까?

高校生 고등학생　　大学生 대학생 [1年生 1학년 / 2年生 2학년 / 3年生 3학년 / 4年生 4학년]
大学院生 대학원생　教師 교사　　軍人 군인　　店員 점원
主婦 주부　　会社員 회사원　研究員 연구원　公務員 공무원
銀行員 은행원　美容師 미용사　自営業 자영업　アーティスト 예술가
フリーター 프리터　その他 기타 ( )

❻ 専攻 / 担当 / 所属は何ですか。 전공 / 담당 / 소속은 무엇입니까?

① 専攻 전공　（※전공명은 부록 P.138 참조）

　経営 경영　　貿易 무역　　観光 관광　　日本語 일본어　国文 국문
　英語 영어　　デザイン 디자인　ファッション 패션　その他 기타 ( )

② 担当 / 所属 담당 / 소속

　営業 영업　　経理 경리　　総務 총무　　販売 판매　　研究 연구
　開発 개발　　企画 기획　　広報 홍보　　その他 기타 ( )

❼ 趣味は何ですか。 취미는 무엇입니까? (2개 이상 골라 주세요.)

野球 야구　　サッカー 축구　　テニス 테니스　　バドミントン 배드민턴
ピアノ 피아노　ギター 기타　　読書 독서　　旅行 여행
山登り 등산　映画鑑賞 영화감상　音楽鑑賞 음악감상　ショッピング 쇼핑
ドライブ 드라이브　写真を撮ること 사진 찍는 것　食べ歩き 맛있는 것 먹으러 다니기
その他 기타 ( )

STEP 2 STEP1에서 체크한 내용을 바탕으로 작문해 봅시다.

밑줄 부분의 번호는 옆 페이지의 질문 번호를 나타내며, / 는 자신에게 맞는 것에 ○해 봅시다.
더 쓰고 싶은 내용은 ☺ 표시가 있는 공간을 활용해 주세요.

はじめまして。

私の名前は ❶_____ です。

出身は ❷_____ です。

今は / 今も ❸_____ に住んでいます。

❹_____ 才で、❺_____ です。

専攻 / 担当 / 所属は ❻_____ です。

趣味は ❼_____ と ❼_____ です。

* 더 소개하고 싶은 것이 있으면 자유롭게 써봅시다.

☺_____

_____

_____

_____

_____

どうぞよろしくお願[ねが]いします。

* 자유 작문을 하고 싶은 학습자는 부록의 작문 노트를 이용해 주세요.

워드파워

:: 한국인의 성씨 표기

김 キム	이 イ	박 パク
최·채 チェ	정·전 チョン / ジョン	강 カン
조 チョ / ジョ	윤 ユン	장 チャン / ジャン
임 イム	한 ハン	신 シン
오·어 オ	서·소 ソ	권 クォン
황 ファン	송·성·선·손 ソン	안 アン
유 ユ	진 チン	고 コ
문 ムン	양 ヤン	배 ペ
백 ペク	허 ホ	남 ナム
심 シム	노 ノ	하 ハ

※ 일본어는 ㅓ/ㅗ 또는 ㅜ/ㅡ 의 구별이 없기 때문에 어/오는「オ」로, 우/으는「ウ」로 표기한다.

02과 私の家族
わたし かぞく

미리 보기

◆ 다음 한국어 문장을 읽고, 오늘의 학습 내용을 생각해 봅시다.

우리 가족은 <u>전부(해서)</u> 4명입니다. 아버지랑 어머니랑 남동생이랑 저입니다.
　　　　　全部で

아버지는 은행원입니다. <u>엄합니다만 아주 재미있습니다</u>. 어머니는 <u>요리를</u>
　　　　　　　　　　　きびしいですがとてもおもしろいです　　　　　料理が

<u>잘합니다</u>. 어머니의 요리는 <u>가게 요리보다 맛있습니다</u>. 남동생은 고등학
上手です　　　　　　　　お店の料理よりおいしいです

생입니다. 남동생과 저는 사이가 좋습니다. 저는 가족을 아주 좋아합니다.

표현 보기

문형 설명은 P.139 참조

1 명사+で ~해서, ~에, ~서

- 私の家族は全部で４人です。
- リンゴは三つで3,000ウォンです。

- 私のクラスは全部＿＿＿＿＿＿４０人です。
  제 반은 전부 해서 40명입니다.

2 い형용사+です / い형용사 어간+くありません ~합니다 / ~하지 않습니다

- 父はおもしろいです / おもしろくありません。
- 弟は背が高いです / 背が高くありません。

- 学生食堂は＿＿＿＿＿＿＿＿＿＿ / ＿＿＿＿＿＿＿＿＿＿＿＿＿＿＿。（おいしい）
  학생식당은 맛있습니다 / 맛없습니다.

Tip 「いい/よい」의 긍정형은 「いいです/よいです」 모두를 사용하지만 부정형은 「よくありません」만을 사용한다.

- このパソコンは性能がいいです / よいです。
- このパソコンは性能がよくありません。

3 문장+が ~인데, ~는데, ~지만

- 父はきびしいですが、とてもおもしろいです。
- フランス料理は高いですが、おいしいです。

- 私は２４才です＿＿＿＿＿、まだ大学２年生です。
  저는 24살이지만 아직 대학교 2학년입니다.

4 な형용사 어간＋です / な형용사 어간＋ではありません　～합니다 / ～하지 않습니다

- 母は料理が上手です / 料理が上手ではありません。
- 朴さんは親切です / 親切ではありません。

✏️ 日本の図書館は＿＿＿＿＿＿＿＿＿ / ＿＿＿＿＿＿＿＿＿＿＿＿。(静かだ)
일본 도서관은 조용합니다 / 조용하지 않습니다.

Tip「好きだ(좋아하다)」「きらいだ(싫어하다)」「上手だ(잘하다)」「下手だ(못하다, 서투르다)」는 대상을 「が」로 쓴다.

- 私は家族が好きです。

5 명사は＋명사より＋い형용사＋です
명사は＋명사より＋な형용사 어간＋です　～은 ～보다 ～합니다

- 母の料理はお店の料理よりおいしいです。
- ソウルは東京よりにぎやかです。

✏️ 野球＿＿＿＿サッカー＿＿＿＿＿おもしろいです。
야구는 축구보다 재미있습니다.

Tip「명사より＋명사のほうが＋い형용사です」「명사より＋명사のほうが＋な형용사 어간です」의 형태로 쓰기도 한다.

- 電車よりバスのほうが速いです。

단어

家族 가족 | 全部 전부 | ～人 ～명 | リンゴ 사과 | 三つ 세 개 | ウォン 원(화폐 단위) | クラス 반, 클래스 | 父 아빠, 아버지 | おもしろい 재미있다 | 弟 남동생 | 背が高い 키가 크다 | 学生 학생 | 食堂 식당 | おいしい 맛있다 | パソコン 퍼스널 컴퓨터 | 性能 성능 | いい/よい 좋다 | きびしい 엄하다 | とても 아주, 매우 | フランス 프랑스 | 料理 요리 | ～才(歳) ～살, ～세 | まだ 아직 | 母 엄마, 어머니 | 上手だ 잘하다, 능숙하다 | 親切だ 친절하다 | 図書館 도서관 | 静かだ 조용하다 | 好きだ 좋아하다 | きらいだ 싫어하다 | 下手だ 서툴다 | 店 가게 | にぎやかだ 활기차다 | 野球 야구 | 電車 전철 | バス 버스 | ほう 쪽, 편 | 速い 빠르다

포인트 작문

Ⅰ 그림을 보고 보기와 같이 작문해 봅시다.

❶    英語の先生 / おもしろい
　　　　　→ 英語の先生はおもしろいです。

1　私の妹 / 背が低い　→ _____
2　学校 / 近い　→ _____
3　ダイヤの指輪 / 高い　→ _____

❷    李さん / きれいだ
　　　　　→ 李さんはきれいです。

1　図書館 / 静かだ　→ _____
2　地下鉄 / 便利だ　→ _____
3　学生食堂のおばさん / 不親切だ　→ _____

3 東京 / 北海道 / にぎやかだ
とうきょう　ほっかいどう
　→ 東京は北海道よりにぎやかです。

 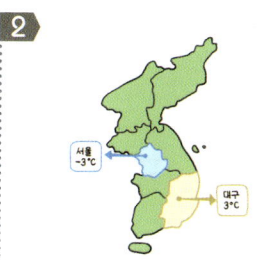 

1　英語 / 日本語 / 難しい　→ _____
　　えいご　にほんご　むずか

2　大邱 / ソウル / 暖かい　→ _____
　　テグ　　　　　　あたた

3　スミスさん / 私 / テニスが上手だ　→ _____
　　　　　　　　　　　　　　じょうず

II 다음은 미리 보기의 문장입니다. 한국어를 참고하여 빈칸에 알맞은 말을 써 봅시다.

私の家族は全部_____4人です。_____と_____と_____と私
か ぞく　ぜん ぶ　　　　よ にん

です。_____は銀行員です。きびしいです_____、とても_____
　　　　　　　ぎんこういん

_____。(おもしろい) _____は料理_____上手です。_____の
　　　　　　　　　　　　　　　　　　　りょう り　　じょう ず

料理は、お店の料理_____おいしいです。_____は高校生です。___
　　　　みせ　　　　　　　　　　　　　　　　　　　こうこうせい

_____と私は仲よしです。私は家族_____大好きです。
　　　　　　なか　　　　　　　　　　　だい す

우리 가족은 전부(해서) 4명입니다. 아버지랑 어머니랑 남동생이랑 저입니다. 아버지는 은행원입니다. 엄합니다만 아주 재미있습니다. 어머니는 요리를 잘합니다. 어머니의 요리는 가게 요리보다 맛있습니다. 남동생은 고등학생입니다. 남동생과 저는 사이가 좋습니다. 저는 가족을 아주 좋아합니다.

단어

| 妹 여동생 | 背が低い 키가 작다 | 学校 학교 | 近い 가깝다 | ダイヤ 다이아몬드 | 指輪 반지 | きれいだ 예쁘다 | 地下鉄 지하철 |
| 便利だ 편리하다 | おばさん 아주머니 | 難しい 어렵다 | 暖かい 따듯하다 | 銀行員 은행원 | 仲よし 사이가 좋음 | 大好きだ 아주 좋아하다 |

체크 & 챌린지

STEP 1 다음 질문에 대한 답을 쓰거나 보기에서 골라 ○해 봅시다.

❶ 家族は何人ですか。 가족은 몇 명입니까? （　　　）人
　　かぞく　なんにん　　　　　　　　　　　　　　　　　　　　　にん

❷ 家族構成はどうですか。 가족 구성은 어떻게 됩니까?
　　かぞく こうせい

父 아버지	母 어머니	祖父 할아버지	祖母 할머니	兄 형, 오빠	姉 누나, 언니
ちち	はは	そふ	そぼ	あに	あね
弟 남동생	妹 여동생	夫 남편	妻 아내	息子 아들	娘 딸
おとうと	いもうと	おっと	つま	むすこ	むすめ

❸ 家族について紹介してみましょう。 가족에 대해 소개해 봅시다.
　　　　　　　　しょうかい

(먼저 식구 중 한 사람을 골라 소개해보고 더 할 수 있으면 다른 식구들에 대해서도 아래 ①~⑤를 활용해 소개해봅시다.)

① 私の
　わたし

| 父 아버지 | 母 어머니 | 祖母 할머니 | 祖父 할아버지 | 兄 형, 오빠 | 姉 누나, 언니 |
| 弟 남동생 | 妹 여동생 | 夫 남편 | 妻 아내 | 息子 아들 | 娘 딸 |

② 職業 직업
　しょくぎょう

小学生 초등학생	中学生 중학생	高校生 고등학생	大学生 대학생
しょうがくせい	ちゅうがくせい	こうこうせい	だいがくせい
大学院生 대학원생	会社員 회사원	教師 교사	研究員 연구원
だいがくいんせい	かいしゃいん	きょうし	けんきゅういん
公務員 공무원	銀行員 은행원	店員 점원	アーティスト 예술가
こうむいん	ぎんこういん	てんいん	
美容師 미용사	自営業 자영업	軍人 군인	フリーター 프리터
びようし	じえいぎょう	ぐんじん	
主婦 주부	その他 기타 (　　　　)		
しゅふ	た		

③ 性格 / 特徴 성격 / 특징
　せいかく　とくちょう

明るい 밝다	やさしい 상냥하다	こわい 무섭다	きびしい 엄하다
あか			
まじめだ 성실하다	おもしろい 재미있다	きれいだ 예쁘다	かっこいい 멋있다
おとなしい 차분하다	親切だ 친절하다	頭がいい 머리가 좋다	背が高い 키가 크다
	しんせつ	あたま	せ たか
元気だ 건강하다	おしゃれだ 멋쟁이다	好奇心が強い 호기심이 많다	
げんき		こうきしん つよ	

④ 自慢 자랑
　じまん

英語 영어	日本語 일본어	中国語 중국어	○○語 ○○어
えいご	にほんご	ちゅうごくご	ご
野球 야구	サッカー 축구	テニス 테니스	バドミントン 배드민턴
やきゅう			
水泳 수영	ヨガ 요가	ピアノ 피아노	ギター 기타
すいえい			
絵 그림	歌 노래	料理 요리	ダンス 댄스
え	うた	りょうり	
おりがみ 종이접기	ししゅう 자수	あみもの 뜨개질	
写真を撮ること 사진을 찍는 것		その他 기타 (　　　　)	
しゃしん と			

⑤ 比較 비교
　ひかく

コックさん 요리사	先生 선생님	歌手 가수	専門家 전문가
	せんせい	かしゅ	せんもんか
私 나	その他 기타 (　　　　)		
わたし			

STEP 2 STEP1에서 체크한 내용을 바탕으로 작문해 봅시다.

밑줄 부분의 번호는 옆 페이지의 질문 번호를 나타내며, / 는 자신에게 맞는 것에 ○해 봅시다.
더 쓰고 싶은 내용은 ☺ 표시가 있는 공간을 활용해 주세요.

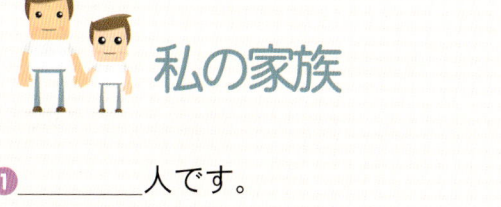
私の家族

私の家族は全部で ❶＿＿＿＿＿人です。
　　　　ぜんぶ

❷＿＿＿＿＿＿＿＿＿＿＿＿＿＿＿＿＿と私です。

まず、私の ❸-1＿＿＿＿＿＿について紹介します。

私の ❸-1＿＿＿＿＿＿は ❸-2＿＿＿＿＿＿＿＿です。

❸-3＿＿＿＿＿＿＿＿＿＿です。

❸-1＿＿＿＿＿＿は ❸-4＿＿＿＿＿＿＿が上手です。
　　　　　　　　　　　　　　　　　　　　じょうず

❸-5＿＿＿＿＿＿＿＿＿より上手です。

* 여기서 부터는 ❸-1 ～ ❸-5 를 이용해서 다른 가족 구성원에 대해서 소개해 봅시다.

☺＿＿＿＿＿＿＿＿＿＿＿＿＿＿＿＿＿＿＿＿＿＿＿＿＿＿＿
＿＿＿＿＿＿＿＿＿＿＿＿＿＿＿＿＿＿＿＿＿＿＿＿＿＿＿＿＿
＿＿＿＿＿＿＿＿＿＿＿＿＿＿＿＿＿＿＿＿＿＿＿＿＿＿＿＿＿
＿＿＿＿＿＿＿＿＿＿＿＿＿＿＿＿＿＿＿＿＿＿＿＿＿＿＿＿＿
＿＿＿＿＿＿＿＿＿＿＿＿＿＿＿＿＿＿＿＿＿＿＿＿＿＿＿＿＿
＿＿＿＿＿＿＿＿＿＿＿＿＿＿＿＿＿＿＿＿＿＿＿＿＿＿＿＿＿

* 자유 작문을 하고 싶은 학습자는 부록의 작문 노트를 이용해 주세요.

워드파워

친족 명칭

祖父 (そふ)	할아버지, 외할아버지	祖母 (そぼ)	할머니, 외할머니
父 (ちち)	아버지	母 (はは)	어머니
兄 (あに)	형, 오빠	姉 (あね)	누나, 언니
弟 (おとうと)	남동생	妹 (いもうと)	여동생
息子 (むすこ)	아들	娘 (むすめ)	딸
おじ	큰아버지, 작은 아버지, 고모부, 이모부, 외삼촌	おば	큰어머니, 작은 어머니, 고모, 이모, 외숙모
義理の兄 (ぎりのあに)	매형, 아주버니	義理の姉 (ぎりのあね)	형수, 올케
婿 (むこ)	사위	嫁 (よめ)	며느리
孫 (まご)	손자, 손녀	いとこ	사촌
おい	남자 조카	めい	여자 조카

* 일본어에서는 외가를 따로 구별해서 부르지 않는다.
* 「おじ」, 「おば」를 한자로 쓸 때 나의 아버지나 어머니 보다 나이가 많으면 「伯父(おじ)」, 「伯母(おば)」를 쓰고, 나이가 적으면 「叔父(おじ)」, 「叔母(おば)」를 쓴다.
* 일본은 혼인으로 인해 친척관계가 된 경우 「しゅうと(시아버지)」, 「しゅうとめ(시어머니)」 이외에는 따로 정해진 호칭은 없으며 「義理の(ぎりの)」라는 말을 앞에 붙여 사용한다.

03과 私の好きな季節
わたし　　す　　　き せつ

미리 보기

◆ 다음 한국어 문장을 읽고, 오늘의 학습 내용을 생각해 봅시다.

봄・여름・가을・겨울 중에서 저는 봄을 가장 좋아합니다. 봄은 따뜻하고
春・夏・秋・冬の中で　　　　　　　春が一番好きです　　　　　暖かくて

아름답기 때문입니다. 분홍색 벚꽃, 노란 개나리, 하얀 목련 등 색깔이
美しいからです

화려하고 예쁜 꽃이 많습니다. 그리고 제 생일은 봄입니다. 실은 이것이
いろあざやかできれいな花が多いです　　　　　　　　　　　　これが

봄을 좋아하는 이유입니다.
春が好きな理由です

표현 보기

문형 설명은 P.140 참조

1 명사の中で＋명사が＋一番＋い형용사＋です
　　　명사の中で＋명사が＋一番＋な형용사 어간＋です
　　　　　　　　　　　　　　　　　　　　　　～중에서 ～이 가장 ～입니다

- 春・夏・秋・冬の中で、私は春が一番好きです。
- 世界の山の中でエベレストが一番高いです。

📝 スポーツ_____野球_____。（得意だ）
　　스포츠 중에서 야구를 가장 잘합니다.

2 い형용사 어간＋くて / な형용사 어간 ＋で　　～하고, ～해서

① い형용사

- 春は暖かくて、美しいです。
- この店の料理は安くておいしいです。

📝 山田さんは_____親切です。（おもしろい）
　　야마다 씨는 재미있고 친절합니다.

② な형용사

- れんぎょうはいろあざやかできれいです。
- この公園は静かで広いです。

📝 地下鉄は_____速いです。（便利だ）
　　지하철은 편리하고 빠릅니다.

> **Tip** 「いい/よい」의 연결형은 「よくて」만 사용한다.
>
> - このパソコンは性能がよくて、値段も安いです。

3 い형용사・な형용사＋からです　　～하기 때문입니다

- 春が好きです。美しいからです。

- 私は秋が好きです。紅葉がきれいだからです。
  こうよう

- ✎ 私は冬がきらいです。＿＿＿＿＿＿＿＿＿＿＿＿＿＿＿＿。（寒い）
  ふゆ　　　　　　　　　　　　　　　　　　　　　　　　　さむ
  저는 겨울을 싫어합니다. 춥기 때문입니다.

4　い형용사＋명사 / な형용사 어간＋な＋명사　~한, ~운

① い형용사

- 高橋さんはおもしろい人です。
  たかはし　　　　　　ひと

- 甘いお菓子が好きです。
  あま　　かし

✎ これは＿＿＿＿＿＿＿＿＿＿問題です。（難しい）이것은 어려운 문제입니다.
　　　　　　　　　　　　　　　もんだい　　むずか

② な형용사

- きれいな花が多いです。
  　　　　はな　おお

- これは私が一番好きな歌です。
  　　　　　　　　　　うた

✎ 東京は＿＿＿＿＿＿＿＿＿＿町です。（便利だ）도쿄는 편리한 도시입니다.
  とうきょう　　　　　　　　まち

5　명사＋が　~이, 가

- これが春が好きな理由です。
  　　　　　　　　りゆう

- 今日は天気がいいです。
  きょう　てんき

✎ 建物＿＿＿＿＿＿新しいです。건물이 새롭습니다.
  たてもの　　　　あたら

단어

| 中 중, 가운데 | 一番 가장, 제일 | 春 봄 | 夏 여름 | 秋 가을 | 冬 겨울 | 世界 세계 | 山 산 | エベレスト 에베레스트(지명) | スポーツ 스포츠 |
| なか | いちばん | はる | なつ | あき | ふゆ | せかい | やま | | |

得意だ 잘하다, 자신있다 ｜ 美しい 아름답다 ｜ 安い 싸다 ｜ れんぎょう 개나리 ｜ いろあざやかだ 색이 화려하다 ｜ 公園 공원 ｜ 広い 넓다
とくい　　　　　　　　　うつく　　　　　　　やす　　　こうえん　　　　　　ひろ

値段 가격 ｜ 紅葉 단풍 ｜ 甘い 달다 ｜ お菓子 과자 ｜ 問題 문제 ｜ 花 꽃 ｜ 多い 많다 ｜ 歌 노래 ｜ 町 도시, 시가지 ｜ 理由 이유 ｜ 今日 오늘
ねだん　　　こうよう　　　あま　　　　　かし　　　　　もんだい　　　はな　　おお　　　うた　　　まち　　　　　　　　りゆう　　　　きょう

天気 날씨 ｜ 建物 건물 ｜ 新しい 새롭다
てんき　　　たてもの　　　あたら

I 그림을 보고 보기와 같이 작문해 봅시다.

① 보기

果物 / リンゴ / 好きだ
→ 果物の中でリンゴが一番好きです。

1 日本の料理 / すし / おいしい → _____

2 音楽 / ジャズ / 好きだ → _____

3 クラス / 渡辺さん / 成績がいい → _____

② 보기

この部屋 / 広い / 静かだ
→ この部屋は広くて静かです。

1 朴さん / 元気だ / 明るい → _____

2 このイチゴ / 甘い / おいしい → _____

3 山田先輩 / きれいだ / 優しい → _____

❸  金さん / 積極的だ / 性格
　　　　　　　　　キム　　 せっきょくてき　　せいかく
　　→ 金さんは積極的な性格です。

1　佐藤さん / 真面目だ / 人 → _____
　　さとう　　　まじめ　　ひと

2　これ / おもしろい / 小説 → _____
　　　　　　　　　　　　しょうせつ

3　ひなちゃん / かわいい / 女の子 → _____
　　　　　　　　　　　　　　おんな こ

II 다음은 미리 보기의 문장입니다. 한국어를 참고하여 빈칸에 알맞은 말을 써 봅시다.

春・夏・秋・冬の中＿＿＿、私は春＿＿＿一番＿＿＿＿＿＿＿＿。(好きだ)
はる なつ あき ふゆ なか　　　　わたし　　　　　いちばん

春は暖か＿＿＿＿＿、美しい＿＿＿＿＿です。ピンク色のさくら、黄色の
　　あたた　　　　　　うつく　　　　　　　　　　　　　いろ　　　　　　き いろ

れんぎょう、白いもくれんなど、いろあざやか＿＿＿きれい＿＿＿花＿＿＿
　　　　　　しろ　　　　　　　　　　　　　　　　　　　　　　　　　　はな

多いです。そして、私の誕生日は春です。実はこれ＿＿＿春＿＿＿好き＿＿＿
おお　　　　　　　　　　たんじょうび　　　　じつ　　　　　　　　　　　　　す

＿理由です。
　りゆう

봄·여름·가을·겨울 중에서 저는 봄을 가장 좋아합니다. 봄은 따뜻하고 아름답기 때문입니다. 분홍색 벚꽃, 노란 개나리, 하얀 목련 등 색깔이 화려하고 예쁜 꽃이 많습니다. 그리고 제 생일은 봄입니다. 실은 이것이 봄을 좋아하는 이유입니다.

단어

果物 과일	すし 생선 초밥	ジャズ 재즈	成績 성적	部屋 방	元気だ 건강하다	明るい 밝다	イチゴ 딸기	先輩 선배	優しい 야사
착하다	積極的だ 적극적이다	性格 성격	真面目だ 성실하다	人 사람	小説 소설	かわいい 귀엽다	女の子 여자 아이	ピンク色 분홍색
분홍색	さくら 벚꽃	黄色 노란색	白い 하얗다	もくれん 목련	そして 그리고	誕生日 생일	実は 사실은

체크 & 챌린지

STEP 1 다음 질문에 대한 답을 쓰거나 보기에서 골라 ○해 봅시다.

❶ どの季節が一番好きですか。 어느 계절을 제일 좋아합니까?

　　春 봄　　　　夏 여름　　　　秋 가을　　　　冬 겨울

❷ その季節が好きな理由は何ですか。 그 계절을 좋아하는 이유는 무엇입니까?
(2개 이상 골라 주세요.)

暖かい 따뜻하다　　　　　　　　　　涼しい 시원하다
暑い 덥다　　　　　　　　　　　　　寒い 춥다
きれいな花が多い 예쁜 꽃이 많다　　　緑が美しい 자연이 아름답다
海がきれいだ 바다가 아름답다　　　　山がきれいだ 산이 아름답다
紅葉が美しい 단풍이 아름답다　　　　空が高い 하늘이 높다
雨の日が多い 비가 오는 날이 많다　　雪の日が多い 눈이 오는 날이 많다
風が心地よい 바람이 상쾌하다　　　　空気が澄んでいる 공기가 맑다
休みが多い 휴일이 많다　　　　　　　花見ができる 꽃놀이를 할 수 있다
海水浴ができる 해수욕을 할 수 있다　スキーができる 스키를 탈 수 있다
キャンプができる 캠프를 할 수 있다　紅葉狩りができる 단풍놀이를 할 수 있다
その他 기타 (　　　　　　　　　)

❸ その季節を代表するものは何ですか。 그 계절을 대표하는 것은 무엇입니까?

• おいしい食べ物 맛있는 음식

　なし 배　　　　かき 감　　　　くり 밤　　　　みかん 귤　　　　いちご 딸기
　すいか 수박　　りんご 사과　　ぶどう 포도　　もも 복숭아　　　まくわうり 참외
　きのこ 버섯　　たけのこ 죽순　山菜 산채　　　小豆がゆ 팥죽　　おでん 어묵
　冷麺 냉면　　　たいやき 붕어빵　かき氷 팥빙수　やきいも 군고구마　サムゲタン 삼계탕
　アイスクリーム 아이스크림

• きれいな植物 아름다운 식물

　さくら 벚꽃　　れんぎょう 개나리　なのはな 유채꽃　もくれん 목련　　たんぽぽ 민들레
　うめ 매화꽃　　バラ 장미　　　　あじさい 수국　　ひまわり 해바라기　コスモス 코스모스
　きく 국화　　　すすき 갈대　　　つばき 동백꽃　　山つつじ 진달래

STEP 2 STEP1에서 체크한 내용을 바탕으로 작문해 봅시다.

밑줄 부분의 번호는 옆 페이지의 질문 번호를 나타내며, / 는 자신에게 맞는 것에 ○해 봅시다.
더 쓰고 싶은 내용은 ☺ 표시가 있는 공간을 활용해 주세요.

私の好きな季節

春・夏・秋・冬の中で、私は ❶_____ が一番好きです。
なか　　　　　わたし

❶_____ は ❷_____ からです。

❶_____ は、❸_____ など、

_____ が多いです。

* 좋아하는 계절에 대해 더 설명해 봅시다.

☺_____

_____

_____

_____

_____

_____

これがこの季節が好きな理由です。

* 자유 작문을 하고 싶은 학습자는 부록의 작문 노트를 이용해 주세요.

워드파워

:: 반대 뜻을 가진 형용사

暖かい あたた	따뜻하다	涼しい すず	시원하다
暑い あつ	덥다	寒い さむ	춥다
厚い あつ	두껍다	うすい	얇다
危ない あぶ	위험하다	安全だ あんぜん	안전하다
いい	좋다	悪い わる	나쁘다
うれしい	기쁘다	悲しい かな	슬프다
おいしい	맛있다	まずい	맛없다
速い はや	빠르다	遅い おそ	느리다
重い おも	무겁다	軽い かる	가볍다
きれいだ	깨끗하다	汚い きたな	더럽다
明るい あか	밝다	暗い くら	어둡다
楽しい たの	즐겁다	つまらない	재미없다
近い ちか	가깝다	遠い とお	멀다
長い なが	길다	短い みじか	짧다
広い ひろ	넓다	せまい	좁다
太い ふと	굵다	細い ほそ	가늘다

04과 私の家
わたし いえ

미리 보기

◆ 다음 한국어 문장을 읽고, 오늘의 학습 내용을 생각해 봅시다.

우리 집은 아파트 <u>5층에 있습니다</u>. <u>집에는 방이 3개 있습니다</u>만 제 방은
　　　　　　　　5階にあります　　　家には部屋が三つあります

현관 바로 <u>오른쪽에 있습니다</u>. 방에는 <u>책상이나 침대, 책장 등이 있습니다</u>.
　　　　　右にあります　　　　　　　机やベッド、本だななどがあります

<u>책상 위에는</u> 컴퓨터와 액자가 있습니다. 그리고 우리 <u>집에는 애완동물도</u>
机の上には　　　　　　　　　　　　　　　　　　　家にはペットも

<u>있습니다</u>. 하얀 강아지입니다. 아주 귀엽습니다.
います

표현 보기

문형 설명은 P.141 참조

1 명사+がある / いる　~이 있다

① ある

- 私の家はアパートの５階にあります。
- 部屋にパソコンがあります。

✐ トイレはあそこに_____。　화장실은 저기에 있습니다.

② いる

- 田中さんは教室にいます。
- 池に魚がいます。

✐ 金さんは兄弟が_____。　김 씨는 형제가 있습니다.

2 명사+には~ある / いる　~에는 ~있다

- 私の家には部屋が３つあります。
- 教室には学生がいます。

✐ 私の学科_____留学生がたくさん_____。
제 학과에는 유학생이 많이 있습니다.

3 명사+や+명사+など　~이랑 ~등

- 部屋には、机やベッド、本だななどがあります。
- この店は、スパゲッティやピザなどがおいしいです。

✐ かばんには雑誌_____化粧品_____があります。
가방에는 잡지랑 화장품 등이 있습니다.

> **Tip** 1과에서 배운 「と」와 「や」는 명사를 나열한다는 점에서는 동일하지만 「と」는 전체를 나열할 때, 「や」는 부분 나열할 때 쓴다. 따라서 「や」는 「など」와 함께 쓸 수 있으나 「と」는 함께 쓸 수 없다.
> - 引き出しに本やノートなどがあります。(○)
> - 引き出しに本とノートなどがあります。(×)

4 명사＋の上 / 中 / 下 ~위 / ~안 / ~밑

- 机の上にはパソコンと写真立てがあります。
- 冷蔵庫の中にケーキがあります。

✎ いす＿＿＿＿＿猫がいます。
의자 밑에 고양이가 있습니다.

5 명사＋も ~도

- 私の家にはペットもいます。
- 私は日本語も英語も下手です。

✎ 今日＿＿＿＿明日＿＿＿＿休みです。
오늘도 내일도 휴일입니다.

단어

家 집	アパート 아파트	～階 ~층	トイレ 화장실	教室 교실	池 연못	魚 물고기	兄弟 형제	学科 학과	留学生 유학생
たくさん 많이	机 책상	ベッド 침대	本 책	スパゲッティ 스파게티	ピザ 피자	かばん 가방	雑誌 잡지	化粧品 화장품
引き出し 서랍	本 책	ノート 노트	上 위	下 아래	写真立て 액자	冷蔵庫 냉장고	ケーキ 케이크	いす 의자	猫 고양이
ペット 애완동물	明日 내일								

04과 私の家 35

포인트 작문

I 그림을 보고 보기와 같이 작문해 봅시다.

①

  教科書 / ここ
きょう か しょ
→ 教科書はここにあります。

1 免許証 / 家 → _____
  めんきょしょう いえ
2 父 / 会社 → _____
  ちち かいしゃ
3 猫 / 庭 → _____
  ねこ にわ

②

   うちの近所 / コンビニ / 郵便局
きんじょ   ゆうびんきょく
→ うちの近所にはコンビニや郵便局などがあります。

1 この建物 / 病院 / 薬局 → _____
  たてもの びょういん やっきょく
2 私の家 / 日本 / 中国の衣装 → _____
  わたし にほん ちゅうごく いしょう
3 動物園 / ゾウ / キリン → _____
  どうぶつえん

❸ 보기 デパート / となり / 銀行
→ デパートのとなりに銀行があります。

1 店 / 前 / 駐車場 → _____
　みせ　まえ　ちゅうしゃじょう

2 公園 / 中 / 池 → _____
　こうえん　なか　いけ

3 机 / 下 / 犬 → _____
　つくえ　した　いぬ

II 다음은 미리 보기의 문장입니다. 한국어를 참고하여 빈칸에 알맞은 말을 써 봅시다.

私の家はアパートの５階_____。(ある)　家_____部屋が
　　　　　　　　　　　　ごかい　　　　　　　　　　　　　　　　　　　　へや

３つ_____が、私の部屋は玄関のすぐ_____にあります。部屋
　　　　　　　　　　　　　　　　　　　　げんかん

_____、机_____ベッド、本だな_____があります。机の_____
　　　　つくえ　　　　　　　　ほん

パソコンと写真立てが_____。そして、私の家_____ペット
　　　　　しゃしんた

_____。(いる)　白い子犬です。とてもかわいいです。
　　　　　　　　　しろ　こいぬ

우리 집은 아파트 5층에 있습니다. 집에는 방이 3개 있습니다만 제 방은 현관 바로 오른쪽에 있습니다. 방에는 책상이나 침대, 책장 등이 있습니다. 책상 위에는 컴퓨터와 액자가 있습니다. 그리고 우리 집에는 애완동물도 있습니다. 하얀 강아지입니다. 아주 귀엽습니다.

단어

| 教科書 교과서 | 免許証 면허증 | 庭 정원 | うち 우리, 우리집 | 近所 근처 | コンビニ 편의점 | 郵便局 우체국 | 病院 병원 | 薬局 약국 |
きょうかしょ　めんきょしょう　にわ　　　　　　　　　　きんじょ　　　　　　　　　　ゆうびんきょく　びょういん　やっきょく

| 中国 중국 | 衣装 의상 | 動物園 동물원 | ゾウ 코끼리 | キリン 기린 | デパート 백화점 | となり 옆, 이웃 | 前 앞 | 犬 개 | 玄関 현관 |
ちゅうごく　いしょう　どうぶつえん　　　　　　　　　　　　　　　　　　　　　　　　　　　　　　　　まえ　　いぬ　げんかん

すぐ 바로 | 子犬 강아지
　　　　　　こいぬ

체크 & 챌린지

STEP 1 다음 질문에 대한 답을 쓰거나 보기에서 골라 ○해 봅시다.

---

❶ どんな家に住んでいますか。 어떤 집에 살고 있습니까?

[アパート / マンション / 一戸建て / オフィスビル]の（　　　）階
[아파트 / 맨션 / 단독주택 / 오피스텔]의（　　　）층

---

❷ 部屋はいくつありますか。 방은 몇 개 있습니까?

ひとつ 하나　　ふたつ 둘　　みっつ 셋　　よっつ 넷　　いつつ 다섯　　その他 기타（　　　）

---

❸ あなたの部屋はどこにありますか。 당신의 방은 어디에 있습니까?

玄関の[右 / 左] 현관 [오른쪽 / 왼쪽]　　　　台所の[右 / 左] 부엌 [오른쪽 / 왼쪽]
浴室の[右 / 左 / 前] 욕실 [오른쪽 / 왼쪽 / 앞]　　居間の[となり / 前] 거실 [옆 / 앞]
一番奥 제일 안쪽　　　　　　　　　　　　　　その他 기타（　　　）

---

❹ あなたの部屋にどんな家具がありますか。 당신 방에 어떤 가구가 있습니까?

机 책상　　ベッド 침대　　本だな 책장　　たんす 옷장　　ソファ 소파
テーブル 테이블　　化粧台(鏡台) 화장대　　テレビ台 TV대　　その他 기타（　　　）

---

❺ 家具の[近く / 上 / 下 / 横 / 右 / 左 / 中]には何がありますか。
가구 [근처 / 위 / 아래 / 옆 / 오른쪽 / 왼쪽 / 안]에는 무엇이 있습니까?

絵 그림　　　　　　いす 의자　　　　　　写真 사진　　　　　　水槽 어항
かばん 가방　　　　ゴミ箱 쓰레기통　　　ふとん 이불　　　　　かがみ 거울
冷蔵庫 냉장고　　　テレビ 텔레비전　　　パソコン 컴퓨터　　　電子レンジ 전자레인지
クーラー 쿨러, 냉방기　クッション 쿠션　　電気スタンド 전기스탠드　ぬいぐるみ 동물인형
電気ストーブ 전기난로　その他 기타（　　　）

---

❻ あなたの家にペットはいますか。 당신 집에 애완동물은 있습니까?

犬 개　　　猫 고양이　　鳥 새　　　　インコ 잉꼬　　　オウム 앵무새
カメ 거북이　うさぎ 토끼　ハムスター 햄스터　カタツムリ 달팽이　熱帯魚 열대어
金魚 금붕어　かぶと虫 장수풍뎅이　その他 기타（　　　）

---

❼ ペットはどうですか。 애완동물은 어떻습니까?

かわいい 예쁘다　　愛くるしい 사랑스럽다　　おとなしい 순하다　　うるさい 시끄럽다
大変だ 힘들다　　　あぶない 위험하다　　　めんどうくさい 귀찮다

STEP 2 STEP1에서 체크한 내용을 바탕으로 작문해 봅시다.

밑줄 부분의 번호는 옆 페이지의 질문 번호를 나타내며, / 는 자신에게 맞는 것에 ○해 봅시다.
더 쓰고 싶은 내용은 😊 표시가 있는 공간을 활용해 주세요.

私の家

私の家は ❶_____の_____階にあります。
わたし

部屋は ❷_____あります。

私の部屋は ❸_____にあります。

部屋には ❹_____などがあります。

❺_____の_____は_____があります。

* 물건 위치에 대해 더 설명해 봅시다. ❻부터는 애완동물이 있는 경우만 쓰세요.

😊_____
_____
_____
_____

そして、私の家には ❻_____がいます。

❻_____は ❼_____です。

😊_____
_____

* 자유 작문을 하고 싶은 학습자는 부록의 작문 노트를 이용해 주세요.

일본 집 구조

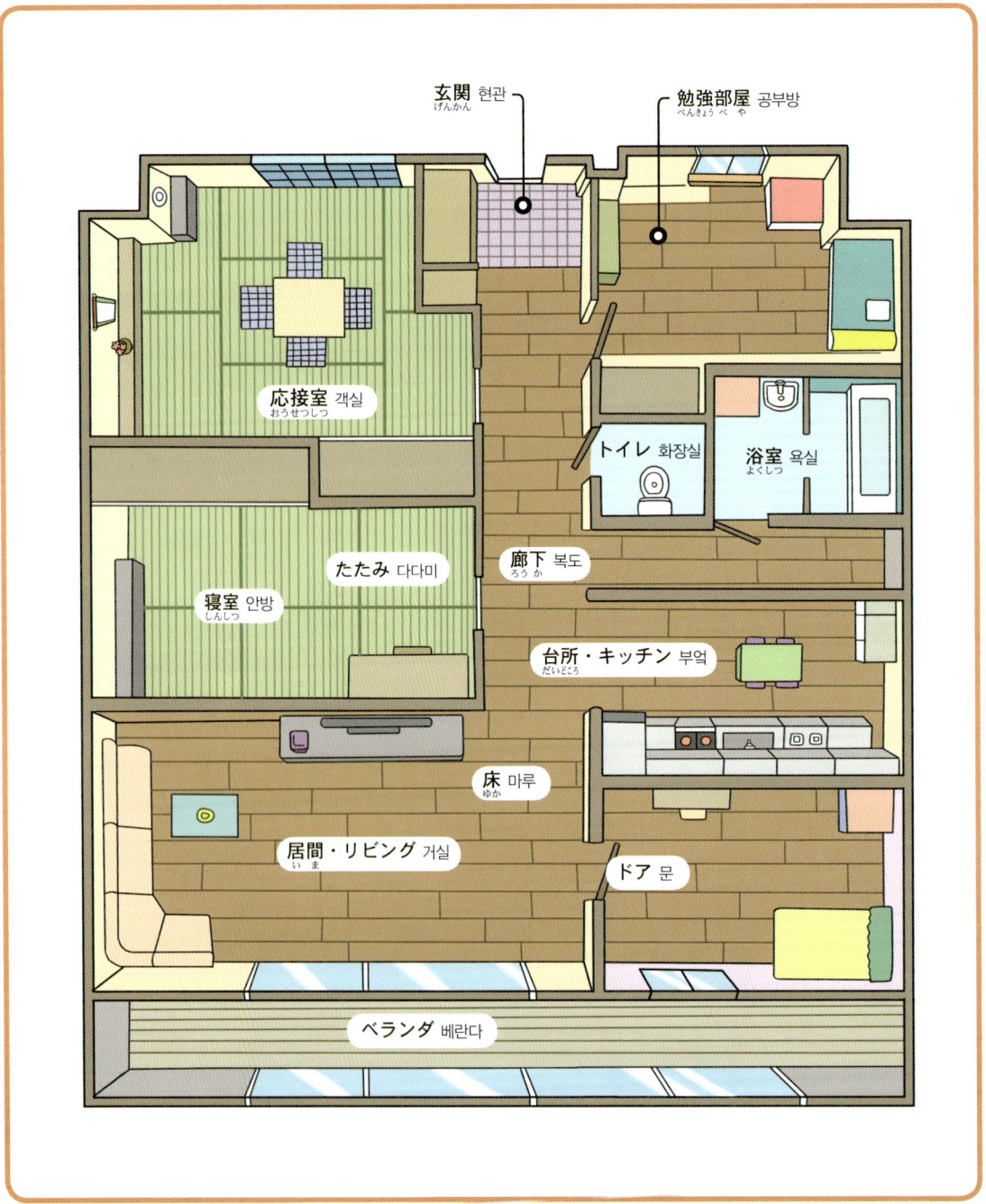

05 과 私の一日
わたし　　いち　にち

미리 보기

◆ 다음 한국어 문장을 읽고, 오늘의 학습 내용을 생각해 봅시다.

저는 매일 아침 7시에 일어납니다.
　　　　　　　　7 時に起きます

그리고 아침을 먹으면서 신문을 읽습니다.
　　　　朝ごはんを食べながら新聞を読みます

회사까지 지하철로 1시간 정도 걸립니다.
会社まで地下鉄で

지하철 안에서 책을 읽습니다.
地下鉄の中で

일은 9시부터 6시까지입니다만 야근도 많습니다.
　　　9 時から 6 時まで

일은 힘듭니다만 보람이 있습니다.

표현 보기

문형 설명은 P.142 참조

1 동사의 ます형+ます / ません ~합니다 / ~하지 않습니다

- 新聞を読み**ます** / 読み**ません**。
  しんぶん　よ
- 朝ごはんを食べ**ます** / 食べ**ません**。
  あさ　　　　た
- 今日は掃除し**ます** / 掃除し**ません**。
  きょう　そうじ

  📝 日本語を＿＿＿＿＿＿＿＿＿＿ / ＿＿＿＿＿＿＿＿＿＿＿＿。（勉強する）
  　　にほんご　　　　　　　　　　　　　　　　　　　　　　　　　べんきょう
  　　일본어를 공부합니다　　　　　　／ 공부하지 않습니다.

2 동사 ます형+ながら ~하면서

- ごはんを食べ**ながら**新聞を読みます。
- 毎日音楽を聞き**ながら**運動をします。
  まいにちおんがく　き　　　　うんどう

  📝 話を＿＿＿＿＿＿＿＿帰ります。（する）
  　　はなし　　　　　　　　かえ
  　　이야기를 하면서 돌아갑니다.

3 명사+から、명사+まで ~에서 ~까지

- 仕事は9時**から**6時**まで**です。
  しごと　くじ　　　ろく
- 今週の火曜日**から**木曜日**まで**日本に行きます。
  こんしゅう　かようび　　　もくようび　　にほん　い

  📝 家＿＿＿＿＿会社＿＿＿＿＿2時間ぐらいかかります。
  　　いえ　　　　かいしゃ　　　　にじかん
  　　집에서 회사까지 2시간 정도 걸립니다.

4 조사

1 명사＋に

① 시간 : ～에

- 毎朝７時に起きます。
  まいあさしち　お

  ✎ 夜１１時＿＿＿＿＿＿寝ます。　밤 11시에 잡니다.
  よるじゅういち　　　　　　ね

② 도착점 : ～에

- 毎日学校に来ます。
  まいにちがっこう　き

  ✎ ３０分後に空港＿＿＿＿＿＿着きます。　30분 후에 공항에 도착합니다.
  さんじゅっぷんご　くうこう　　　　　　つ

  Tip 도착점을 나타내는 「に」는 「へ」와 바꿔 쓸 수 있다.

  - 毎日学校へ来ます。

2 명사＋を　～을, ～를

- 新聞を読みます。
- あさって、このDVDを返します。
  かえ

  ✎ これから授業＿＿＿＿＿＿始めます。　지금부터 수업을 시작합니다.
  じゅぎょう　　　　　　はじ

3 명사＋で

① 장소 : ～에서

- 地下鉄の中で本を読みます。
  ちかてつ　なか

  ✎ 交番＿＿＿＿＿＿道を聞きます。　파출소에서 길을 물어봅니다.
  こうばん　　　　　　みち　き

② 수단, 도구 : ～로

- 地下鉄で１時間かかります。
  いち

  ✎ 紙＿＿＿＿＿＿飛行機を作ります。　종이로 비행기를 만듭니다.
  かみ　　　　　　ひこうき　つく

단어

新聞 신문	読む 읽다	朝ごはん 아침밥	食べる 먹다	勉強 공부	する 하다	毎日 매일	聞く 듣다	運動 운동	話 이야기	帰る 돌아가다
今週 이번 주	火曜日 화요일	木曜日 목요일	行く 가다	会社 회사	～時間 ～시간	かかる 걸리다	毎朝 매일 아침
～時 ～시	起きる 일어나다	夜 밤	寝る 자다	来る 오다	空港 공항	着く 도착하다	あさって 모레	DVD DVD	返す 돌려주다
これから 이제부터	授業 수업	始める 시작하다	交番 파출소	道 길	紙 종이	飛行機 비행기	作る 만들다

포인트 작문

I 그림을 보고 보기와 같이 작문해 봅시다.

❶  7時半 / 朝ごはん / 食べる
→ 私は7時半に朝ごはんを食べます。

1 午前9時 / 会社 / 着く →＿＿＿＿＿＿＿＿
2 午後6時 / 家 / 帰る →＿＿＿＿＿＿＿＿
3 9時 / 英語の勉強 / する →＿＿＿＿＿＿＿＿

❷  コーヒー / 飲む / 本を読む
→ コーヒーを飲みながら本を読みます。

1 ラジオ / 聞く / 料理をする →＿＿＿＿＿＿＿＿
2 歌 / 歌う / 掃除をする →＿＿＿＿＿＿＿＿
3 テレビ / 見る / 電話で話す →＿＿＿＿＿＿＿＿

3 보기 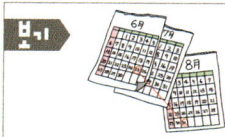 夏休み / 6月下旬 / 8月末
　　　　　　なつやす　　ろくがつげじゅん　はちがつまつ
→ 夏休みは6月下旬から8月末までです。

 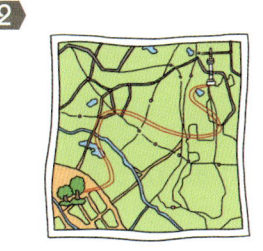 

1　試験 / 今週の水曜日 / 来週の月曜日 →＿＿＿＿＿＿＿＿＿
　　しけん　こんしゅう すいようび　らいしゅう げつようび

2　マラソンのコース / 南山 / 汝矣島公園 →＿＿＿＿＿＿＿＿＿
　　　　　　　　　　ナムサン　ヨイドこうえん

3　昼休み / 12時 / 1時 →＿＿＿＿＿＿＿＿＿
　　ひるやす　じゅうに　いち

II　다음은 미리 보기의 문장입니다. 한국어를 참고하여 빈칸에 알맞은 말을 써 봅시다.

私は毎朝7時＿＿＿＿＿＿＿＿＿＿＿＿。(起きる)　そして、朝ごはん＿＿＿＿＿＿
　わたし まいあさ　　　　　　　　　　　　　　　　　　　　　　　　あさ

＿＿＿＿＿＿＿(食べる)ながら新聞＿＿＿＿＿＿＿＿＿。会社＿＿＿＿＿地下
　　　　　た　　　　　　　しんぶん　　　　　　　　　かいしゃ　　　　ちか

鉄＿＿＿＿＿1時間ぐらいかかります。地下鉄の中＿＿＿＿＿本を＿＿＿＿＿＿
てつ　　　じかん　　　　　　　　　　　　　なか　　　　　ほん

＿＿＿＿＿＿。(読む)　仕事は9時＿＿＿＿6時＿＿＿＿ですが、残業も多いで
　　　　　よ　　　　しごと　　　　　　　　　　　　　　　　　　ざんぎょう おお

す。仕事は大変ですが、やりがいが＿＿＿＿＿＿＿＿＿＿＿＿＿＿＿。(ある)
　　　　たいへん

저는 매일 아침 7시에 일어납니다. 그리고 아침을 먹으면서 신문을 읽습니다. 회사까지 지하철로 1시간 정도 걸립니다. 지하철 안에서 책을 읽습니다. 일은 9시부터 6시까지입니다만 야근도 많습니다. 일은 힘듭니다만 보람이 있습니다.

단어

午前 오전 | 午後 오후 | コーヒー 커피 | ラジオ 라디오 | 歌う 노래 부르다 | 掃除 청소 | テレビ 텔레비전 | 電話 전화 | 話す 이야기하다
夏休み 여름 방학 | 下旬 하순 | 末 말 | 試験 시험 | 水曜日 수요일 | 来週 다음 주 | マラソン 마라톤 | コース 코스 | 昼休み 점심시간
残業 야근, 시간 외 일 | 大変だ 힘들다 | やりがい 보람

체크 & 챌린지

STEP 1 다음 질문에 대한 답을 쓰거나 보기에서 골라 ○해 봅시다.

❶ 普通、朝何時に起きますか。 보통 아침에 몇 시에 일어납니까?
ふつう あさなんじ お

( ) 時 시 ( ) 分 분
じ ふん・ぷん

❷ 朝ごはんを食べますか。 아침을 먹습니까?
あさ た

① はい
何を食べますか。 무엇을 먹습니까? [ごはん 밥 / パン 빵 / 果物 과일 / その他 기타 ( )]
なに た くだもの た

② いいえ
なぜ食べませんか。 왜 안 먹습니까?
[時間がない 시간이 없다 / 食べたくない 먹고 싶지 않다 / その他 기타 ( )]
じかん

❸ 学校 / 会社までどうやって行きますか。 학교 / 회사까지 어떻게 갑니까?
がっこう かいしゃ い

歩いて 걸어서　　車で 차로　　自転車で 자전거로　　バイクで 오토바이로
ある くるま じてんしゃ
地下鉄で 지하철로　バスで 버스로　その他 기타 ( )
ちかてつ

❹ 時間はどれぐらいかかりますか。 시간은 얼마나 걸립니까?

( ) 時間 시간 ( ) 分ぐらい 분 정도

❺ 授業 / 仕事は何時から何時までですか。 수업 / 일은 몇 시부터 몇 시까지입니까?
じゅぎょう しごと

( ) 時から 시부터 ( ) 時まで 시까지

❻ 学校 / 仕事はどうですか。 학교 / 일은 어떻습니까?

楽しい 즐겁다　　　楽だ 편하다　　　大変だ 힘들다　　　難しい 어렵다
たの らく たいへん むずか
おもしろい 재미있다　おもしろくない 재미없다　役に立つ 도움이 되다
やく た
やりがいがない 보람이 없다　やりがいがある 보람이 있다　その他 기타 ( )

❼ 何時ごろ家に帰りますか。 몇 시쯤에 집에 돌아갑니까?
いえ かえ

( ) 時ごろ 시 쯤

❽ 家に帰ったら何をしますか。 집에 가면 무엇을 합니까? (2개 이상 골라 주세요.)

運動する 운동하다　　　勉強する 공부하다　　　音楽を聞く 음악을 듣다
うんどう べんきょう おんがく き
料理をする 요리를 하다　ゲームをする 게임을 하다　お風呂に入る 목욕하다
りょうり ふろ はい
ごはんを食べる 밥을 먹다　テレビを見る 텔레비전을 보다　メールを確認する 이메일을 확인하다
た み かくにん
[新聞 / 本 / まんが]を読む [신문 / 책 / 만화책]을 읽다　　　その他 기타 (
しんぶん ほん よ
)

46

STEP 2 STEP1에서 체크한 내용을 바탕으로 작문해 봅시다.

밑줄 부분의 번호는 옆 페이지의 질문 번호를 나타내며, / 는 자신에게 맞는 것에 ○해 봅시다.
더 쓰고 싶은 내용은 😊 표시가 있는 공간을 활용해 주세요.

私の一日

私は毎朝 ❶_____時_____分に起きます。
わたし　まいあさ

朝ごはんは ❷_____。

学校 / 会社まで ❸_____ ❹_____時間_____分ぐらい

かかります。

授業 / 仕事は ❺_____時から_____時までです。

* 예를 들어 등교, 통근시 지하철이나 버스 안에서 무엇을 하는지, 수업이 몇 개 있는지, 점심 시간은 몇 시부터
  몇 시인지 등등 자유롭게 써보세요.

😊_____
_____
_____
_____
_____
_____

学校 / 仕事は ❻_____です。

❼_____時ごろ、家に帰ります。

そして、❽_____ながら_____します。

* 자유 작문을 하고 싶은 학습자는 부록의 작문 노트를 이용해 주세요.

나의 하루-평일

- 7:00 起きる 일어나다
- 顔を洗う 세수를 하다
- 7:30 朝ごはんを食べる 아침을 먹다
- 8:00 家を出る 집을 나가다
- バスで学校に行く 버스로 학교에 가다
- 9:00 授業を受ける 수업을 받다
- 12:00 昼ごはんを食べる 점심을 먹다
- 1:00 授業を受ける 수업을 받다
- 6:00 ジムで運動する 체육관에서 운동하다
- 7:00 家に帰る 집으로 돌아가다
- 8:00 晩ごはんを食べる 저녁을 먹다
- 9:00 お風呂に入る 목욕하다
- 10:00 テレビを見る 텔레비전을 보다
- 11:00 インターネットゲームをする、メールの確認をする 인터넷 게임을 하다, 메일 확인을 하다
- 12:00 寝る 잠자다

06과 私の得意料理
わたし　とく　い　りょう　り

미리 보기

◆ 다음 한국어 문장을 읽고, 오늘의 학습 내용을 생각해 봅시다.

오늘은 한국 요리, '떡볶이'를 <u>만드는 방법을 소개하겠습니다</u>. '떡볶이'는
　　　　　　　　　　　　　　作り方を紹介します

어린이부터 어른까지 <u>모두에게 인기가 있고</u> 만드는 방법도 간단합니다.
　　　　　　　　　みんなに人気があって

우선 가늘고 긴 떡과 채소를 준비합니다. 그리고 고추장과 설탕을 섞어서

<u>양념을 만들어 주세요</u>. 다음은 재료와 양념을 같이 끓입니다.
タレを作ってください

<u>떡볶이는 먹기 편하고</u> 아주 맛있습니다.
トッポッキは食べやすくて

표현 보기

문형 설명은 P.144 참조

1 동사 ます형+方(かた) ~하는 방법, ~하는 법

- 「トッポッキ」の作(つく)り方(かた)を紹介(しょうかい)します。
- 発音(はつおん)のしかたがわかりません。

✎ この漢字(かんじ)の＿＿＿＿＿＿＿＿がわかりません。(読(よ)む)
　이 한자를 읽는 방법을 모르겠습니다.

2 명사+に ~에게, ~에게서

- 「トッポッキ」はみんなに人気(にんき)があります。
- 友(とも)だちに電話(でんわ)をかけます。

✎ 弟(おとうと)＿＿＿＿英語(えいご)を教(おし)えます。
　남동생에게 영어를 가르칩니다.

3 동사의 て형+て ~하고, ~해서

- 「トッポッキ」はみんなに人気があって、作り方も簡単(かんたん)です。
- 靴(くつ)を脱(ぬ)いで中(なか)に入(はい)ります。

✎ 朝(あさ)6時(ろくじ)に＿＿＿＿＿＿＿＿軽(かる)い運動(うんどう)をします。(起(お)きる)
　아침 6시에 일어나서 가벼운 운동을 합니다.

4 동사 て형 + てください ~해 주세요, ~하세요

- タレを作ってください。
- ドアを閉めてください。

✏️ パスポートを＿＿＿＿＿＿＿＿＿＿＿＿＿＿＿。(見せる)
여권을 보여 주세요.

5 동사 ます형 + やすい ~하기 쉽다

- このボールペンは書きやすいです。
- 「トッポッキ」は食べやすくて、とてもおいしいです。

✏️ 鈴木先生の字は＿＿＿＿＿＿＿＿＿＿＿＿＿＿。(読む)
스즈키 선생님의 글씨는 읽기 쉽습니다.

> **Tip** 이 표현과 대비되는 표현은「동사 ます형 + にくい(~하기 어렵다)」이다.
>
> - この本は字が小さくて読みにくいです。

トッポッキ 떡볶이	紹介 소개	発音 발음	わかる 알다	漢字 한자	みんな 모두	人気 인기	電話をかける 전화를 걸다	教える 가르치다
簡単だ 간단하다	靴 신발, 구두	脱ぐ 벗다	入る 들어가다	朝 아침	軽い 가볍다	タレ 양념	ドア 문	閉める 닫다
パスポート 여권, 패스포트	見せる 보이다	ボールペン 볼펜	書く 쓰다	字 글자	小さい 작다

I 그림을 보고 보기와 같이 작문해 봅시다.

① 보기 　図書館 / 本 / 借りる / 読む
　→ 図書館で本を借りて読みます。

1　コンビニ / パン / 買う / 食べる　→ _____
2　家 / テレビ / 見る / 寝る　→ _____
3　映画館 / 映画 / 見る / 食事をする　→ _____

② 보기 　このパソコン / 使う
　→ このパソコンの使い方を教えてください。

1　手紙 / 書く　→ _____
2　箸 / 持つ　→ _____
3　切符 / 買う　→ _____

3  この靴 / 歩く

→ この靴は歩きやすいです。

1 ここ / 滑る → _____

2 吉田先生の授業 / わかる → _____

3 田中先輩 / 話す → _____

II 다음은 미리 보기의 문장입니다. 한국어를 참고하여 빈칸에 알맞은 말을 써 봅시다.

今日は韓国料理「トッポッキ」の_____（作る）方を紹介_____。

「トッポッキ」は子供_____大人_____みんな_____人気が_____

____、(ある) _____（作る）方も簡単です。まず、細長いもちと野菜を

準備します。そして、コチュジャンと砂糖を_____（混ぜる）てタレを

_____（作る）ください。あとは材料とタレを一緒に煮込みます。

トッポッキは_____（食べる）て、とてもおいしいです。

오늘은 한국 요리, '떡볶이'를 만드는 방법을 소개하겠습니다. '떡볶이'는 어린이부터 어른까지 모두에게 인기가 있고, 만드는 방법도 간단합니다. 우선 가늘고 긴 떡과 채소를 준비합니다. 그리고 고추장과 설탕을 섞어서 양념을 만들어 주세요. 다음은 재료와 양념을 같이 끓입니다. 떡볶이는 먹기 편하고 아주 맛있습니다.

단어

借りる 빌리다 | パン 빵 | 買う 사다 | 映画館 영화관 | 食事 식사 | 使う 사용하다 | 手紙 편지 | 箸 젓가락 | 持つ 집다 | 切符 표 | 歩く 걷다
滑る 미끄러지다 | 子供 아이 | 大人 어른 | まず 먼저 | 細長い 가늘고 길다 | もち 떡 | 野菜 채소 | 準備 준비 | 砂糖 설탕 | 混ぜる 섞다
あと 나중, 뒤 | 材料 재료 | 一緒に 함께 | 煮込む 푹 끓이다

체크 & 챌린지

STEP 1 다음 질문에 대한 답을 쓰거나 보기에서 골라 ○해 봅시다.

❶ あなたが紹介したい料理は何ですか。
　　　しょうかい　　　　　　りょうり　なん
당신이 소개하고 싶은 요리는 무엇입니까?

キムチチゲ 김치찌개	テンジャンチゲ 된장찌개	チャプチェ 잡채	チヂミ 부침개	焼き飯 볶음밥
のり巻き 김밥	ビビンバ 비빔밥	プルコギ 불고기	カルビ 갈비	カルグクス 칼국수
冷麺 냉면	その他 기타 ( )			

❷ それはどんな料理ですか。 그것은 어떤 요리입니까?

[子供に / 女性に / 男性に / 若者に / みんなに] 人気がある
　こども　　じょせい　　だんせい　　わかもの　　　　　　にんき
[아이들에게 / 여성에게 / 남성에게 / 젊은 사람에게 / 모든 사람에게] 인기가 있는

すぐできる 금방 만들 수 있는　　　　食べやすい 먹기 편한
　　　　　　　　　　　　　　　　　　　た
作り方が簡単な 만드는 방법이 간단한　その他 기타 (　　　　　　　)
つく　かた　かんたん

❸ 作るときに何が必要ですか。 만들 때 무엇이 필요합니까?
　つく　　　　なに　ひつよう

・材料 재료
　ざいりょう

牛肉 소고기	豚肉 돼지고기	鶏肉 닭고기	たまねぎ 양파	じゃがいも 감자
さつまいも 고구마	かぼちゃ 호박	きゅうり 오이	にんじん 당근	ほうれんそう 시금치
大根 무	ねぎ 파	きのこ 버섯	魚 생선	あさり 조개
とうふ 두부	卵 달걀	ハム 햄	キムチ 김치	たくあん 단무지
はるさめ 당면	こむぎこ 밀가루	その他 기타 ( )		

・調味料 조미료
　ちょうみりょう

塩 소금	砂糖 설탕	しょうゆ 간장	みそ 된장	コチュジャン 고추장
とうがらし 고추	にんにく 마늘	しょうが 생강	油 기름	ごま油 참기름
ごま 깨	その他 기타 ( )			

❹ 調理方法 조리 방법
　ちょうりほうほう

切る 자르다	炒める 볶다	焼く 굽다	ゆでる 삶다	煮込む 푹 삶다
蒸す 찌다	まぜる 비비다	あえる 무치다	まく 말다	入れる 넣다
(油で)揚げる (기름으로) 튀기다	火にかける 불에 올리다	(お湯を)わかす 물을 끓이다		
冷たい水にさらす 찬물에 씻는다	味をつける 양념을 하다	その他 기타 ( )		

❺ どんな味ですか。 어떤 맛입니까? (2개 이상 골라도 됩니다.)
　　　　　あじ

辛い 맵다	塩辛い 짜다	甘い 달다	甘辛い 달고 짜다, 달고 맵다
甘酸っぱい 새콤달콤하다	すっぱい 시다	さっぱり 깔끔하다	こうばしい 구수하다
おいしい 맛있다	その他 기타 ( )		

STEP 2 STEP1에서 체크한 내용을 바탕으로 작문해 봅시다.

밑줄 부분의 번호는 옆 페이지의 질문 번호를 나타내며, / 는 자신에게 맞는 것에 ○해 봅시다.
더 쓰고 싶은 내용은 😊 표시가 있는 공간을 활용해 주세요.

私の得意料理

今日は韓国料理 ❶_____の作り方を紹介します。
きょう　かんこく

❶_____は、❷_____料理です。

材料や調味料は ❸_____などを

準備します。
じゅんび

作り方は、❸_____を

❹_____てください。

* ❸, ❹를 이용해서 조리법을 좀 더 자세히 설명해 봅시다.

😊_____
_____
_____
_____
_____
_____

❶_____は ❺_____です。

* 자유 작문을 하고 싶은 학습자는 부록의 작문 노트를 이용해 주세요.

06 ・ 私の得意料理 55

워드파워

계절별 일본 음식

春 はる

さくらもち 벚꽃떡
분홍색 떡을 소금에 절인 벚잎을 두른 일본 과자

ちまき
조릿대 잎에 싸서 찐 찹쌀떡

たけのこ 죽순

鰆 さわら 삼치

夏 なつ

うなぎ 장어

すいか 수박

冷やし中華 ひ ちゅう か
일본식 냉면

カキ氷 ごおり 빙수

秋 あき

さんま 꽁치

まつたけ 송이

冬 ふゆ

なべ 냄비요리

おでん 어묵

くり 밤

さつまいも 고구마

あまざけ 단술, 식혜

かに 게

07과 私のほしいもの
わたし

미리 보기

◆ 다음 한국어 문장을 읽고, 오늘의 학습 내용을 생각해 봅시다.

저는 지금 가지고 싶은 것이 있습니다. 그것은 자전거입니다. 프랑스제
　　　　　ほしいものが

자전거로, 100만원 정도 합니다. 하지만 저는 어떻게든 그 자전거를 갖고
　　　　　　　　　　　　　　　　　　　　　　　　　　　　自転車が

싶습니다. 그 자전거를 타고 한국을 일주하고 싶습니다. 그래서 저는 지금
ほしいです　　　　　　　　　韓国を一周したいです

아르바이트를 하고 있습니다. 빨리 그 자전거를 타 보고 싶습니다.
アルバイトをしています　　早く　　　　　　　乗ってみたいです

표현 보기

문형 설명은 P.145 참조

1　명사＋がほしい　～을 가지고 싶다

- 私は今、自転車がほしいです。
  わたし　いま　じてんしゃ
- 自由な時間がほしいです。
  じゆう　じかん

　✎ 私は新しい帽子＿＿＿＿＿＿＿＿＿＿＿＿＿＿。 저는 새 모자를 가지고 싶습니다.
　　わたし あたら　ぼうし

2　동사 ます형＋たい　～하고 싶다

- 自転車に乗って韓国を一周したいです。
  じてんしゃ　の　かんこく　いっしゅう
- 日本に行きたいです。
  にほん　い

　✎ おいしいラーメンが＿＿＿＿＿＿＿＿＿＿＿＿＿。（食べる）
　　　　　　　　　　　　　　　　　　　　　　　　　　た
　　맛있는 라면을 먹고 싶습니다.

　Tip　동사에「たい」가 붙으면 대상을 나타내는 조사「を」는 원칙적으로「が」를 쓴다. 단,「を」이외의 조사는 그대로 쓴다.
- 私はコーヒーを飲みます。 →　私はコーヒーが飲みたいです。
　　　　　　　　　の
- 母に会います。 →　母に会いたいです。
  はは　あ

3　동사 て형＋ている　～하고 있다

- ぼくはアルバイトをしています。
- 田中さんはあそこに座っています。
  たなか　　　　　　　すわ

　✎ 彼女は郵便局に＿＿＿＿＿＿＿＿＿＿＿＿＿＿。（勤める）
　　かのじょ ゆうびんきょく　　　　　　　　　　　　　　つと
　　그녀는 우체국에 근무하고 있습니다.

58

4 い형용사 い+く ~하게

- 早<ruby>くその自転車に乗りたいです。
- 髪を短く切ります。

📝 佐藤さんは＿＿＿＿＿＿見えます。(若い)
　사토 씨는 젊어 보입니다.

Tip 「乗る」「会う」등의 동사는 조사 「を」를 쓰지 않는다.
- バスに乗ります。(○)
- バスを乗ります。(×)

5 동사 て형+てみる ~해 보다

- もう一度考えてみます
- その自転車に乗ってみたいです。

📝 ちょっと＿＿＿＿＿＿＿＿＿＿＿＿＿＿。(聞く)
　조금 물어 보겠습니다.

단어

自転車 자전거 | 自由だ 자유롭다 | 帽子 모자 | 乗る 타다 | 一周 일주 | ラーメン 라면 | 会う 만나다 | アルバイト 아르바이트 | 座る 앉다 | 彼女 그녀 | 勤める 근무하다 | 早い 이르다 | 髪 머리카락 | 短い 짧다 | 切る 자르다 | 見える 보이다 | 若い 젊다 | もう 더 | 一度 한 번 | 考える 생각하다 | ちょっと 조금

포인트 작문

1 그림을 보고 보기와 같이 작문해 봅시다.

❶

今 / ごはん / 食べる
→ 今ごはんを食べています。

1　最近 / 日本のドラマ / 見る　→ _____
2　毎日 / 新聞 / 読む　→ _____
3　最近 / ダンス / 習う　→ _____

❷

肉 / 食べる
→ 肉が食べたいです。

1　ビール / 飲む　→ _____
2　オーストラリア / 行く　→ _____
3　友だち / 会う　→ _____

❸ 보기　　早い / 来る
　　　　　　→ 早く来てください。

1　大きい / 書く　→ ＿＿＿＿＿＿＿＿＿＿＿＿＿＿＿＿＿＿＿＿
2　安い / する　→ ＿＿＿＿＿＿＿＿＿＿＿＿＿＿＿＿＿＿＿＿
3　やさしい / 教える　→ ＿＿＿＿＿＿＿＿＿＿＿＿＿＿＿＿＿＿

II　다음은 미리 보기의 문장입니다. 한국어를 참고하여 빈칸에 알맞은 말을 써 봅시다.

私は今、＿＿＿＿＿＿ものがあります。それは、自転車です。フランス製の自転車＿＿＿＿＿＿、100万ウォンくらいします。でも、私はどうしてもその自転車＿＿＿＿＿＿です。その自転車に＿＿＿＿＿＿（乗る）て、韓国を一周＿＿＿＿＿＿。それで、私は今アルバイトを＿＿＿＿＿＿。（する）

早＿＿＿＿＿＿その自転車に＿＿＿＿＿＿（乗ってみる）たいです。

저는 지금 가지고 싶은 것이 있습니다. 그것은 자전거입니다. 프랑스제 자전거로, 100만원 정도 합니다. 하지만 저는 어떻게든 그 자전거를 가지고 싶습니다. 그 자전거를 타고 한국을 일주하고 싶습니다. 그래서 저는 지금 아르바이트를 하고 있습니다. 빨리 그 자전거를 타 보고 싶습니다.

最近 최근 | ドラマ 드라마 | ダンス 댄스, 춤 | 習う 배우다 | 肉 고기 | ビール 맥주 | オーストラリア 호주 | 大きい 크다 | もの 것
どうしても 어떤 일이 있어도, 반드시 | それで 그래서

체크 & 챌린지

STEP 1 다음 질문에 대한 답을 쓰거나 보기에서 골라 ○해 봅시다.

❶ 今、あなたのほしいものは何ですか。 지금 당신이 갖고 싶은 것은 무엇입니까?

コート 코트	ジャケット 재킷	スーツ 수트	ワンピース 원피스
ズボン 바지	スカート 치마	ぼうし 모자	くつ 신발
スカーフ 스카프	ネクタイ 넥타이	時計 시계	ネックレス 목걸이
指輪 반지	ピアス 귀걸이	ブレスレット 팔찌	かばん 가방
バイク 오토바이	自転車 자전거	キャンプ用品 캠핑용품	つり道具 낚시도구
登山用品 등산용품	スポーツ用品 스포츠용품	楽器 악기	パソコン 컴퓨터
電子辞書 전자사전	MP3 MP3	ゲーム機 게임기	携帯電話 휴대전화
ノートパソコン 노트북	スマートフォン 스마트폰	デジタルカメラ 디지털카메라	
その他 기타 (			)

❷ それはいくらですか。 그것은 얼마입니까? (　　　　) ウォン 원

❸ なぜ、それがほしいですか。 왜 그것을 갖고 싶습니까?

かわいい 예쁘다	かっこいい 멋있다
性能がいい 성능이 좋다	流行している 유행하고 있다
新製品が出た 신제품이 나왔다	仕事で必要だ 일 때문에 필요하다
趣味を楽しみたい 취미를 즐기고 싶다	友だちに自慢したい 친구에게 자랑하고 싶다
何となく気に入った 왠지 마음에 들었다	今持っているのが古くなった 지금 갖고 있는 것이 오래 되었다
その他 기타 (	)

❹ それを手に入れるためにどんなことをしていますか。
그것을 손에 넣기 위해서 어떤 것을 하고 있습니까?

貯金 저축　　　アルバイト 아르바이트　　　情報収集 정보수집
[親 / 友だち / 同僚 / 彼氏 / 彼女 / 兄弟]にお願い [부모 / 친구 / 동료 / 남자친구 / 여자친구 / 형제]에게 부탁
その他 기타 (　　　　　　　　　　　)

❺ それを買って、どうしたいですか。 그것을 사서 어떻게 하고 싶습니까?

着てみたい 입어보고 싶다	乗ってみたい 타보고 싶다
使ってみたい 사용해보고 싶다	はいてみたい 신고 싶다
ひいてみたい 치고 싶다	友だちに見せたい 친구에게 보여주고 싶다
その他 기타 (	)

STEP 2 STEP1에서 체크한 내용을 바탕으로 작문해 봅시다.

밑줄 부분의 번호는 옆 페이지의 질문 번호를 나타내며, / 는 자신에게 맞는 것에 ○해 봅시다.
더 쓰고 싶은 내용은 😊 표시가 있는 공간을 활용해 주세요.

私のほしいもの

私は、今、ほしいものがあります。

それは ❶＿＿＿＿＿＿＿＿＿＿＿＿＿＿＿です。

❷＿＿＿＿＿＿＿＿＿＿＿＿＿＿＿ぐらいです。

* 물건의 겉모양이나 색깔 등에 대해 설명해 봅시다.

😊＿＿＿＿＿＿＿＿＿＿＿＿＿＿＿＿＿＿＿＿＿＿＿＿＿＿＿＿＿

＿＿＿＿＿＿＿＿＿＿＿＿＿＿＿＿＿＿＿＿＿＿＿＿＿＿＿＿＿＿＿

＿＿＿＿＿＿＿＿＿＿＿＿＿＿＿＿＿＿＿＿＿＿＿＿＿＿＿＿＿＿＿

＿＿＿＿＿＿＿＿＿＿＿＿＿＿＿＿＿＿＿＿＿＿＿＿＿＿＿＿＿＿＿

＿＿＿＿＿＿＿＿＿＿＿＿＿＿＿＿＿＿＿＿＿＿＿＿＿＿＿＿＿＿＿

❸＿＿＿＿＿＿＿＿＿＿＿＿＿＿＿から(早く)買いたいです。

それで、私は ❹＿＿＿＿＿＿＿＿＿＿＿＿しています。

早く ❺＿＿＿＿＿＿＿＿＿＿＿＿＿＿＿です。

* 자유 작문을 하고 싶은 학습자는 부록의 작문 노트를 이용해 주세요.

워드파워

:: 모양·색상·무늬

모양

▲	三角 さんかく	삼각	■	四角 しかく	사각
▬	長方形 ちょうほうけい	직사각형	◆	ひし形 がた	다이아몬드형, 마름모꼴
●	丸い まる	둥글다	⬭	だ円形 えんけい	타원형

색상

🟧	赤い あか	빨갛다	🟦	青い あお	파랗다
🟨	黄色い きいろ	노랗다	🟩	緑色 みどりいろ	초록색
🟫	茶色 ちゃいろ	갈색	🟧	オレンジ色 いろ	주황색
🟪	ピンク色 いろ	분홍색	🟪	むらさき色 いろ	보라색
⬜	白い しろ	하얗다	⬛	黒い くろ	검다

무늬

	花柄 はながら	꽃무늬		水玉もよう みずたま	물방울 모양
	チェック	체크무늬		ストライプ	줄무늬
	ひょう柄 がら	호피무늬			

08과 私の秘訣
わたし　ひ　けつ

미리 보기

◆ 다음 한국어 문장을 읽고, 오늘의 학습 내용을 생각해 봅시다.

저는 대학교 1학년 때부터 일본어를 공부하고 있습니다. 아직 그다지 잘 하지 못하지만 제 비결을 소개합니다.

1. <u>실수를 두려워하지 말아 주세요</u>.
   失敗を恐れないでください
2. <u>틀려도 좋으니까</u> 다른 사람과 많이
   間違ってもいいから
   이야기해 주세요.
3. 계속해 주세요.

저는 일본어를 <u>능숙하게 말하기 위해서</u> 앞으로도 <u>열심히 할 작정입니다</u>.
　　　　　　　上手に話すために　　　　　　　　がんばるつもりです

표현 보기

문형 설명은 P.146 참조

1　동사 ない형＋ないでください　~하지 말아 주세요, ~하지 마세요

- 失敗を恐れないでください。
  しっぱい　おそ
- ここで写真を撮らないでください。
  しゃしん　と

✏ この話はだれにも＿＿＿＿＿＿＿＿＿＿＿＿＿＿＿＿＿。（言う）
　　　はなし　　　　　　　　　　　　　　　　　　　　　　　　　い
　이 이야기는 아무에게도 말하지 말아 주세요.

2　동사 て형＋てもいい　~해도 되다

- 間違ってもいいから、たくさん話してください。
  まちが　　　　　　　　　　　　はな
- 窓を開けてもいいですか。
  まど　あ

✏ 今日の試験は辞書を＿＿＿＿＿＿＿＿＿＿＿＿＿＿＿。（使う）
　きょう　しけん　じしょ　　　　　　　　　　　　　　　　　つか
　오늘 시험은 사전을 사용해도 됩니다.

3　な형용사 だ＋に　~하게

- 私は日本語を上手に話したいです。
  わたし　にほんご　じょうず　はな
- 図書館では静かにしてください。
  としょかん　　しず

✏ 部屋を＿＿＿＿＿＿＿＿＿掃除します。（きれいだ）
　へや　　　　　　　　　　そうじ
　방을 깨끗하게 청소합니다.

4 동사 사전형＋ため / 명사＋のため ~하기 위해 / ~을 위해

- 日本語を上手に話すためにこれからもがんばります。
- ここは学生のための施設です。

✎ ＿＿＿＿＿＿＿＿＿＿＿＿＿＿＿＿＿英語を勉強しています。（就職する）
취직하기 위해서 영어를 공부하고 있습니다.

5 동사 사전형＋つもりだ ~할 생각이다, ~할 작정이다

- これからもがんばるつもりです。
- 外国に留学するつもりです。

✎ 今日は教会に＿＿＿＿＿＿＿＿＿＿＿＿＿＿＿＿。（行く）
오늘은 교회에 갈 생각입니다.

 단어

| 失敗 실패 | 恐れる 겁내다, 두려워하다 | 写真 사진 | 撮る (사진을) 찍다 | だれ 누구 | 言う 말하다 | 間違う 틀리다 | 窓 창 | 開ける 열다 |
| 辞書 사전 | がんばる 힘내다 | 施設 시설 | 就職 취직 | 外国 외국 | 留学 유학 | 教会 교회 |

포인트 작문

I 그림을 보고 보기와 같이 작문해 봅시다.

 今度の土曜日 / 友だち / 勉強します
→ 今度の土曜日、友だちと勉強するつもりです。

1 明日、友だち / 会います → _____
2 来週、髪 / 切ります → _____
3 午後 / 図書館 / 本を探します → _____

 池の中 / 入る
→ 池の中に入らないでください。

1 お酒 / 飲む → _____
2 ろうか / 走る → _____
3 たばこ / 吸う → _____

3  このアルバム / 見る
→ このアルバムを見てもいいですか。

1　このケーキ / 食べる　→ _____
2　この本 / 借りる　→ _____
3　ピアノ / 弾く　→ _____

II 다음은 미리 보기의 문장입니다. 한국어를 참고하여 빈칸에 알맞은 말을 써 봅시다.

私は大学1年生から日本語を勉強_____。(する) まだ、それほど
上手ではありませんが、私の秘訣を紹介します。

1　失敗を_____(恐れる) ないでください。
2　_____(間違う) いいから、他の人____たくさん_____。(話す)
3　続　け　て　く　だ　さ　い　。

저는 대학교 1학년 때부터 일본어를 공부하고 있습니다. 아직 그다지 잘하지 못하지만 제 비결을 소개합니다.
1. 실수를 두려워하지 말아 주세요.
2. 틀려도 좋으니까 다른 사람과 많이 이야기해 주세요.
3. 계속해 주세요.
저는 일본어를 능숙하게 말하기 위해서 앞으로도 열심히 할 작정입니다.

探す 찾다 | ろうか 복도 | 走る 달리다 | たばこ 담배 | 吸う 피우다 | アルバム 앨범 | ピアノ 피아노 | 弾く 치다, 연주하다 | それほど 그다지 | 秘訣 비결 | 他 다른 | 続ける 계속하다

체크 & 챌린지

STEP 1 다음 질문에 대한 답을 쓰거나 보기에서 골라 ○해 봅시다.

❶ いつから日本語の勉強をしていますか。 언제부터 일본어 공부를 하고 있습니까?

　　(　　　　) 年 년 (　　　　) ヶ月前 개월 전

❷ どれくらい日本語の勉強をしますか。 얼마나 일본어 공부를 합니까?

　　一日 하루 / 週 주 (　　　　) 時間 시간 (　　　　) 分 분

❸ あなたの勉強の秘訣は何ですか。 당신의 공부 비결은 무엇입니까?

　　歌を聞く 노래를 듣다　　　　　　　　ドラマを見る 드라마를 보다
　　アニメを見る 애니메이션을 보다　　　　マンガを読む 만화책을 읽다
　　ゲームをする 게임을 하다　　　　　　ニュースを聞く 뉴스를 듣다
　　日記をつける 일기를 쓰다　　　　　　毎日続ける 매일 계속하다
　　日本に旅行する 일본을 여행하다　　　日本人の友だちを作る 일본인 친구를 만들다
　　あきらめない 포기하지 않는다　　　　小説や新聞を読む 소설이나 신문을 읽다
　　失敗を気にしない 실수를 해도 신경 쓰지 않는다　　韓国語を使わない 한국어를 사용하지 않는다
　　電子辞書を使わない 전자사전을 사용하지 않는다　　その他 기타 (　　　　　　　　)

❹ 何のために、日本語の勉強をしますか。 무엇 때문에 일본어 공부를 합니까?

　　日本に留学する 일본에 유학 한다
　　日本人と自由に会話できるようにする 일본인과 자유롭게 대화할 수 있게 한다
　　日本語で作文を書けるようにする 일본어로 작문을 할 수 있게 한다
　　日本語が聞き取れるようになる 일본어를 알아들을 수 있게 한다
　　日本の新聞や本が読めるようにする 일본 신문이나 책을 읽을 수 있게 한다
　　日本の会社とビジネスをする 일본 회사와 비즈니스를 한다
　　一人で日本を旅行する 혼자서 일본을 여행한다
　　その他 기타 (　　　　　　　　　　　　)

❺ これからどうするつもりですか。 앞으로 어떻게 할 생각입니까?

　　がんばる 열심히 하다　　　努力する 노력하다　　　続ける 계속하다
　　たくさん [書いてみる / 読んでみる / 話してみる / 聞いてみる] 많이 [써본다 / 읽어보다 / 말해보다 / 들어보다]
　　その他 기타 (　　　　　　　　　　　　)

STEP 2 STEP1에서 체크한 내용을 바탕으로 작문해 봅시다.

밑줄 부분의 번호는 옆 페이지의 질문 번호를 나타내며, / 는 자신에게 맞는 것에 ○해 봅시다.
더 쓰고 싶은 내용은 ☺ 표시가 있는 공간을 활용해 주세요.

私の秘訣

私は ❶_____年前 / ヶ月前から日本語を勉強しています。
　わたし

一日 / 週に ❷_____時間_____分ぐらい日本語の勉強をしています。
　　　しゅう

まだ、それほど上手ではありませんが、
　　　　　　じょうず

私の秘訣を紹介します。
　　ひけつ　しょうかい

　❸ 1._____

　　 2._____

　　 3._____

* 비결이 더 있으면 자유롭게 써 주세요.

☺_____

_____

_____

私は ❹_____ために、

これからも ❺_____つもりです。

* 자유 작문을 하고 싶은 학습자는 부록의 작문 노트를 이용해 주세요.

워드파워

공부할 때 하는 행동

- ノートに単語を書く 노트에 단어를 쓰다
- 消しゴムで消す 지우개로 지우다
- えんぴつを削る 연필을 깎다
- 蛍光ペンでチェックする 형광펜으로 체크하다
- 重要な部分に線を引く 중요한 부분에 선을 긋다
- ノートにポストイットをはる 노트에 포스트잇을 붙이다
- クリップ(ホッチキス)でとめる 클립(스테이플러)로 고정시키다(찍다)
- CDプレイヤーでCDを聞く CD플레이어로 CD를 듣다
- ネイティブの発音を聞いて、まねをする 원어민 발음을 듣고 따라하다
- 辞書をひく 사전을 찾다
- パソコンの電源を入れる 컴퓨터 전원을 켜다

09과 私の旅の思い出
わたし　たび　おも　で

미리 보기

◆ 다음 한국어 문장을 읽고, 오늘의 학습 내용을 생각해 봅시다.

저는 지금까지 두 번 일본에 간 적이 있습니다. 그 중 한 번은 친구 집에
　　　　　　　　　　　日本に行ったことがあります　　　　　友だちの家に

갔습니다. 그때 저는 슬리퍼를 신고 다다미 방으로 들어가 버렸습니다. 그
おじゃましました。　　　　　　　　　たたみの部屋に入ってしまいました。

래서 친구 어머니가 아주 놀랐습니다. 한국과 일본은 습관이 다르기 때문
　　　　　　　　　　　　　　　　　　　　　　　　　習慣が違うので

에 저도 놀랐습니다. 아주 이상했습니다.
　　　　　　　　　　とても不思議でした

표현 보기

문형 설명은 P.147 참조

1 동사 た형 + たことがある ~한 적이 있다

- 私は今まで２回日本に行ったことがあります。
- 私はまだ飛行機に乗ったことがありません。

✎ 彼女は会社を＿＿＿＿＿＿＿＿＿＿＿＿＿＿＿。（休む）
그녀는 회사를 쉰 적이 없습니다.

2 동사 ます형 + ました / ませんでした ~했습니다 / ~하지 않았습니다

- １回は友だちの家におじゃましました。
- 昨日は学校に行きませんでした。

✎ たくさん歩いて＿＿＿＿＿＿＿＿＿＿＿＿＿＿＿。（疲れる）
많이 걸어서 지쳤습니다.

3 동사 て형 + てしまう ~해 버리다, ~하고 말다

- 私はスリッパをはいて、たたみの部屋に入ってしまいました。
- また遅刻してしまいました。

✎ 大事な時計を＿＿＿＿＿＿＿＿＿＿＿＿＿＿＿。（なくす）
소중한 시계를 잃어버리고 말았습니다.

4 보통체형 + ので(단, 명사 な・な형용사 な + ので) ~하기 때문에, ~하므로, ~하니까

- 韓国と日本の習慣が違うので、私もびっくりしました。
- 高橋さんは優しいので、人気があります。

- 私は「つ」の発音が苦手なので、毎日練習しています。

📝 明日は＿＿＿＿＿＿＿＿＿＿、朝寝坊します。（休み）
　　내일은 휴일이기 때문에 늦잠을 잡니다.

5　い형용사 어간＋かったです / くありませんでした
　　な형용사 어간＋でした / ではありませんでした　　~했습니다 / ~하지 않았습니다

① い형용사

- とても恥ずかしかったです。
- 旅行は楽しくありませんでした。

📝 昨日の試験は＿＿＿＿＿＿＿＿＿＿＿＿＿＿。（難しい）
　　어제 시험은 어려웠습니다.

Tip 「いい/よい」의 과거형은 「よかった」만 사용한다.
- あの映画は音楽がよかったです。

② な형용사

- とても不思議でした。
- あの店の店員はあまり親切ではありませんでした。

📝 昔、この漫画が＿＿＿＿＿＿＿＿＿＿＿＿＿＿。（好きだ）
　　옛날에 이 만화를 좋아했습니다.

단어

休む 쉬다	おじゃまします (남의 집을) 방문하다	昨日 어제	疲れる 피곤하다	スリッパ 슬리퍼	はく 신다	たたみ 다다미	また 또
遅刻 지각	大事だ 중요하다	時計 시계	なくす 잃어버리다	習慣 습관	違う 다르다	びっくりする 깜짝 놀라다	苦手だ 서툴다
練習 연습	朝寝坊 늦잠	恥ずかしい 부끄럽다	旅行 여행	楽しい 즐겁다	不思議だ 이상하다	店員 점원	昔 옛날	漫画 만화

09과 私の旅の思い出

1 그림을 보고 보기와 같이 작문해 봅시다.

①

  納豆 / 食べる
　　　　　　　　　なっとう　た
　→ 納豆を食べたことがあります。

1　宿題 / 忘れる　→ ＿＿＿＿＿＿＿＿＿＿＿＿＿＿＿＿＿
　　しゅくだい　わす

2　この歌 / 聞く　→ ＿＿＿＿＿＿＿＿＿＿＿＿＿＿＿＿＿
　　　　うた　　き

3　トッポッキ / 作る　→ ＿＿＿＿＿＿＿＿＿＿＿＿＿＿
　　　　　　　　つく

②

  渡辺さん / 学生 / お金
　　　　　　　　　わたなべ　　がくせい　かね
　→ 渡辺さんは学生なので、お金がありません。

1　鈴木さん / 忙しい / 自由な時間　→ ＿＿＿＿＿＿＿＿＿
　　すずき　　いそが　　じゆう　じかん

2　岸田さん / わがままだ / 人気　→ ＿＿＿＿＿＿＿＿＿
　　きしだ　　　　　　　　にんき

3　今日 / 雨が降っている / 試合　→ ＿＿＿＿＿＿＿＿＿
　　きょう　あめ　ふ　　　　しあい

3  今朝 / コップ / 割る
　　　　　　　　　　けさ　　　　　　　わ
　　　　　　　→ 今朝、コップを割ってしまいました。

1　一昨日 / 財布 / 落とす　→ _____
　　おととい　さいふ　お

2　先週 / 風邪 / ひく　→ _____
　　せんしゅう　かぜ

3　昨日 / 塾 / サボる　→ _____
　　きのう　じゅく

II 다음은 미리 보기의 문장입니다. 한국어를 참고하여 빈칸에 알맞은 말을 써 봅시다.

私は今まで２回日本に_____。(行く) そのうち１回は
わたし　いま　　にかい　にほん　　　　　　　　　　　　　　　　　　　　　いっかい

友だちの家に_____。(おじゃまする) そのとき、私は
とも　　いえ

スリッパをはいて、たたみの部屋に入って_____。(しまう)
　　　　　　　　　　　　　　　へや　はい

それで、友だちのお母さんがとても_____。
　　　　　　　　　　かあ

(びっくりする) 韓国と日本は習慣が_____、(違う) 私もびっくり
　　　　　　　かんこく　　　　しゅうかん　　　　　　　　　　ちが

しました。とても_____。(不思議だ)

저는 지금까지 두 번 일본에 간 적이 있습니다. 그 중 한 번은 친구 집에 갔습니다. 그때 저는 슬리퍼를 신은 채로 다다미방으로 들어가 버렸습니다. 그래서 친구 어머니가 아주 놀랐습니다. 한국과 일본은 매너가 다르기 때문에 저도 놀랐습니다. 아주 이상했습니다.

단어

納豆 낫토	宿題 숙제	忘れる 잊다	お金 돈	忙しい 바쁘다	わがままだ 제멋대로이다	雨 비	降る (비가) 내리다	試合 시합
今朝 오늘 아침	コップ 컵	割る 깨다	一昨日 그저께	財布 지갑	落とす 잃어버리다, 떨어뜨리다	先週 지난 주	風邪をひく 감기에 걸리다
塾 학원	サボる (수업을) 빼먹다	とき 때	お母さん 엄마

체크&챌린지

STEP 1 다음 질문에 대한 답을 쓰거나 보기에서 골라 ○해 봅시다.

❶ 一番印象に残っている旅行地はどこですか。
いちばんいんしょう のこ りょこうち
가장 인상에 남아있는 여행지는 어디입니까?

- 韓国国内 한국 국내
かんこくこくない

  ソウル 서울　　仁川 인천　　大田 대전　　大邱 대구　　蔚山 울산　　光州 광주
  　　　　　　　インチョン　　テジョン　　テグ　　　　ウルサン　　ケンジュ
  釜山 부산　　江原道 강원도　京畿道 경기도　忠清道 충청도　慶尚道 경상도　全羅道 전라도
  プサン　　　カンウォンド　　キョンギド　　チュンチョンド　キョンサンド　チョルラド
  済州島 제주도　その他 기타 (　　　　　　　)
  チェジュド　　　　　た

- 海外 해외
かいがい

  アメリカ 미국　　カナダ 캐나다　　ヨーロッパ 유럽　　ロシア 러시아　　オーストラリア 호주
  日本 일본　　中国 중국　　東南アジア 동남아시아　アフリカ 아프리카　その他 기타 (　　　　)
  にほん　　　ちゅうごく　　とうなん

❷ そこにはいつ行きましたか。 거기에는 언제 갔습니까?
い

(　　　) 年前 년 전 / ヶ月前 개월 전
　　　　ねんまえ　　　かげつまえ

❸ そこには誰と旅行しましたか。 거기는 누구와 여행했습니까?
だれ

一人で 혼자서　　家族と 가족과　　友だちと 친구와　　その他 기타 (　　　　　　)
ひとり　　　　　かぞく　　　　　とも

❹ そこに何日間ぐらい滞在しましたか。 거기에 며칠 간 체류했습니까?
なんにちかん　　たいざい

(　　　) 日間 일간

❺ その国や街の特徴や印象に残っていることは何ですか。
くに まち とくちょう いんしょう のこ なん
그 나라나 마을의 특징이나 인상에 남아있는 것은 무엇입니까?

静かだ 조용하다　　　　　うるさい 시끄럽다　　　　　安全だ 안전하다
しず　　　　　　　　　　　　　　　　　　　　　　あんぜん
あぶない 위험하다　　　　礼儀正しい 예의바르다　　情熱的だ 열정적이다
　　　　　　　　　　　れいぎただ　　　　　　　じょうねつてき
明るい 밝다　　　　　　　活気にあふれている 활기차다　すなおだ 순수하다
あか　　　　　　　　　　かっき
積極的だ 적극적이다　　　遺跡が多い 유적이 많다　　　街がきれいだ 동네가 깨끗하다
せっきょくてき　　　　　いせき おお
きたない 더럽다　　　　　歴史が古い 역사가 오래되다　人が優しい 사람들이 친절하다
　　　　　　　　　　　れきし ふる　　　　　　　ひと やさ
国が大きい 나라가 크다　　国が小さい 나라가 작다　　　マナーがいい 매너가 좋다
くに おお　　　　　　　　　ちい
マナーが悪い 매너가 나쁘다　物価が高い 물가가 비싸다　物価が安い 물가가 싸다
わる　　　　　　　　　ぶっか たか　　　　　　　　　　やす
すすんでいる 개발이 잘 되다　遅れている 개발이 덜 되다　その他 기타 (　　　　　　)
　　　　　　　　　　　　おく

STEP 2 STEP1에서 체크한 내용을 바탕으로 작문해 봅시다.

밑줄 부분의 번호는 옆 페이지의 질문 번호를 나타내며, / 는 자신에게 맞는 것에 〇해 봅시다.
더 쓰고 싶은 내용은 😊 표시가 있는 공간을 활용해 주세요.

私の旅の思い出

私は ❶＿＿＿＿＿＿＿に行ったことがあります。
わたし

❷＿＿＿＿年前 / ヶ月前 ❸＿＿＿＿＿＿＿行って、

❹＿＿＿＿＿＿＿＿＿ぐらい滞在しました。

そこは、❺＿＿＿＿＿＿＿＿＿＿＿＿＿て、とてもよかったです。

* 여행지에서의 좋았던 점들을 구체적으로 설명해 봅시다.

😊＿＿

＿＿＿

＿＿＿

でも、❺＿＿＿＿＿＿＿＿＿＿＿＿＿＿ので、びっくりしてしまいました。

* 여행지에서 신기했던 점들을 구체적으로 설명해 봅시다.

😊＿＿

＿＿＿

＿＿＿

* 자유 작문을 하고 싶은 학습자는 부록의 작문 노트를 이용해 주세요.

워드파워

:: 세계 각 나라 이름

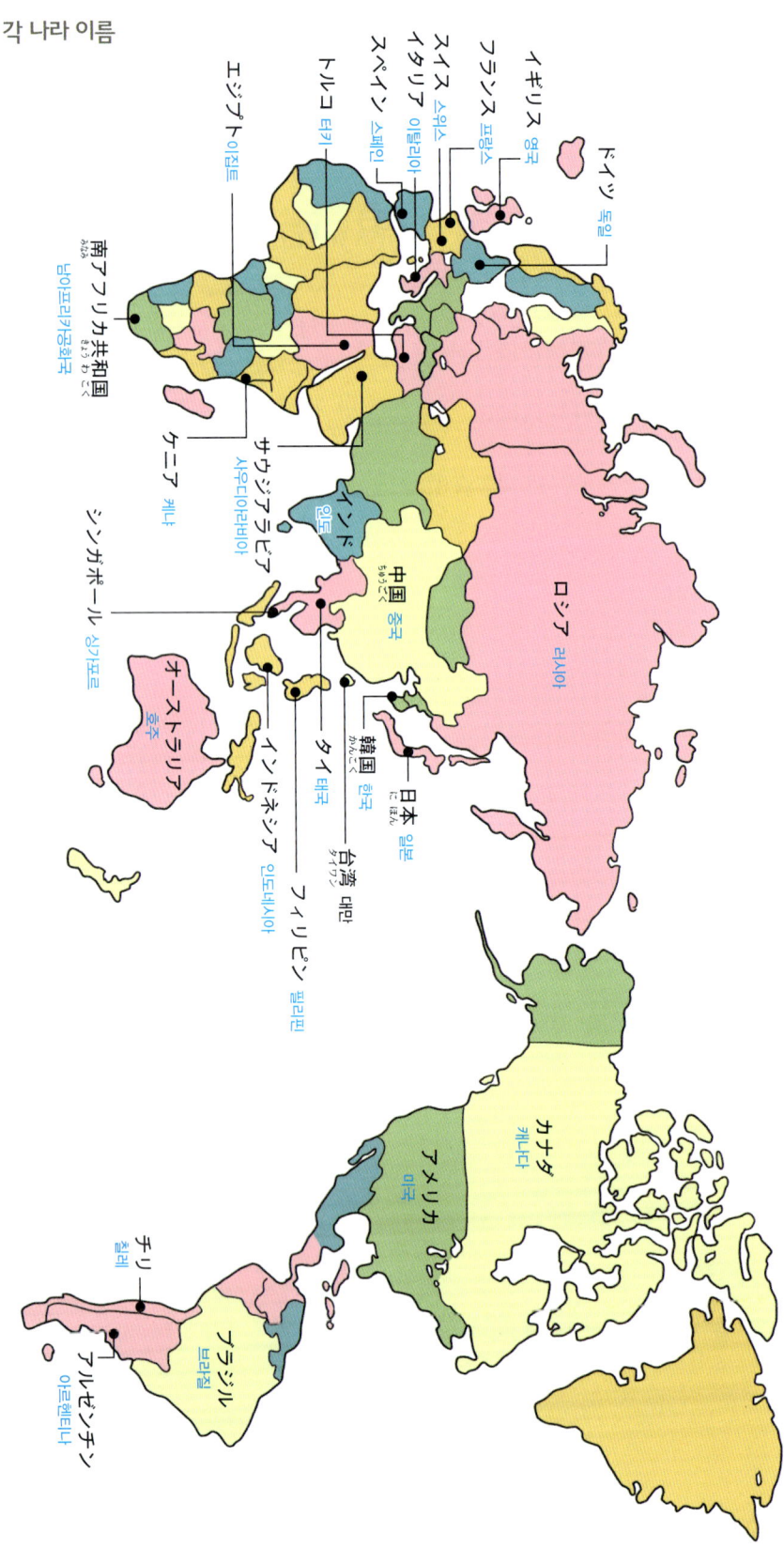

10과 私の故郷
わたし　　　ふるさと

미리 보기

◆ 다음 한국어 문장을 읽고, 오늘의 학습 내용을 생각해 봅시다.

제 고향은 제주도라는 곳입니다. 제주도는 한국의 남쪽에 있는 섬으로,
　　　　　済州島という所です　　　　　　　　　　　南の方にある島で

한국 안에서는 비교적 따뜻한 편입니다. 어렸을 때는 자주 산에 오르거나
　　　　　　　　　　　　　　　　　　　子供のときは　　　山に登ったり、

바다에서 수영을 하거나 하며 놀았습니다. 음식은 돼지고기, 귤 등이 유명
海で泳いだりして

합니다. 지금은 서울에 살고 있습니다만, 언젠가 가장 좋아하는 고향에서
　　　　　　　　　　　　　　　　　　　いつかは

살고 싶다고 생각합니다.
暮らしたいと思います

표현 보기

문형 설명은 P.149 참조

1. 명사+という ~라는, ~라고 하는

- 私の故郷は済州島という所です。
- これは何という川ですか。

✎ さっき渡辺_____人が来ました。
아까 와타나베라는 사람이 왔습니다.

2. 동사의 명사 수식형

- 済州島は、韓国の南の方にある島です。
- 土曜日は、アルバイトに行く日です。

✎ 明日_____人はだれですか。(来る)
내일 올 사람은 누구입니까?

3. 명사 수식형+とき ~할 때

- 子供のときはよく山に登りました。
- 苦しいときもありましたが、がんばりました。
- 暇なとき、散歩をします。
- 日本に行くとき、おみやげを買います。

✎ _____は、戸締まりに注意してください。(出かける)
외출할 때는 문단속을 잘하세요.

4 동사 た형+たり　~하기도 하고, ~하거나

- よく山に登ったり、海で泳いだりして遊びました。
- この授業では、ドラマを見たり、J-POPを聞いたりします。

✏️ 休みの日は音楽を＿＿＿＿＿＿、散歩を＿＿＿＿＿＿＿。（聞く、する）
휴일은 음악을 듣거나 산책을 하거나 합니다.

5 의문사+か　~가

- 服に何かついています。
- いつかは大好きな故郷で暮らしてみたいです。
- この歌はどこかで聞いたことがあります。

✏️ デパートで＿＿＿＿＿＿買いましたか。（何）
백화점에서 무엇인가 샀습니까?

6 보통체형+と思う　~라고 생각하다

- 私は大好きな故郷で暮らしたいと思います。
- このかばんは丈夫だと思います。

✏️ 来週には花が＿＿＿＿＿＿＿＿＿＿＿＿＿＿＿＿。（咲く）
다음 주에는 꽃이 핀다고 생각합니다.

단어

故郷 고향	所 곳	川 강	さっき 조금 전	南 남쪽	島 섬	日 날	よく 자주	登る 오르다	苦しい 괴롭다	暇だ 한가하다	散歩 산책
散策 산책	おみやげ 선물	戸締まり 문단속	注意 주의	出かける 나가다	海 바다	泳ぐ 헤엄치다	遊ぶ 놀다	J-POP J팝	服 옷
つく 묻다	暮らす 살다	思う 생각하다	丈夫だ 튼튼하다	咲く (꽃이) 피다

10과 私の故郷

ポイント作文

I 그림을 보고 보기와 같이 작문해 봅시다.

日曜日 / 洗濯する / 掃除する
→ 日曜日は洗濯したり、掃除したりします。

1 夜 / インターネットをする / 本を読む → _____
2 明日 / みんなで歌う / 踊る → _____
3 週末 / 買い物に行く / 友だちと遊ぶ → _____

昨日 / 買う / 雑誌 / おもしろい
→ 昨日買った雑誌はおもしろいです。

1 明日 / 行く / 店 / 有名だ → _____
2 今 / 読んでいる / 小説 / 難しい → _____
3 先週 / 見る / 映画 / つまらない → _____

③  あの先生 / きびしいです
→ あの先生はきびしいと思います。

1　明日 / 晴れです　→ _____
2　彼 / 成功します　→ _____
3　今日 / だれも来ません　→ _____

Ⅱ　다음은 미리 보기의 문장입니다. 한국어를 참고하여 빈칸에 알맞은 말을 써 봅시다.

私の故郷は済州島_____所です。済州島は、韓国の南の方に_____島で、韓国の中_____比較的暖かい方です。子供の_____はよく山に_____(登る)たり、海で_____(泳ぐ)だりして_____。(遊ぶ)　食べ物は豚肉、みかんなどが有名です。今はソウルに住んでいますが、_____は大好きな故郷で暮らしたい_____。

(思う)

제 고향은 제주도라는 곳입니다. 제주도는 한국의 남쪽에 있는 섬으로, 한국 안에서는 비교적 따뜻한 편입니다. 어렸을 때는 자주 산에 오르거나 바다에서 수영을 하거나 하며 놀았습니다. 음식은 돼지고기, 귤 등이 유명합니다. 지금은 서울에 살고 있습니다만, 언젠가 가장 좋아하는 고향에서 살고 싶다고 생각합니다.

###

| 洗濯 세탁 | インターネット 인터넷 | 踊る 춤추다 | 週末 주말 | 買い物 쇼핑 | 有名だ 유명하다 | つまらない 재미없다 | 晴れ 맑음 |
| 彼 그 | 成功 성공 | 比較的 비교적 | 食べ物 음식 | 豚肉 돼지고기 | みかん 귤 | | |

체크 & 챌린지

STEP 1 다음 질문에 대한 답을 쓰거나 보기에서 골라 ○해 봅시다.

---

① あなたの故郷はどこですか。 당신의 고향은 어디입니까?

ソウル 서울	仁川 인천	大田 대전	大邱 대구	蔚山 울산	光州 광주
釜山 부산	江原道 강원도	京畿道 경기도	忠清道 충청도	慶尚道 경상도	全羅道 전라도
済州島 제주도	その他 기타 ( )				

---

② そこはどのあたりにありますか。 그곳은 어느 쪽에 있습니까?

[北 / 南 / 東 / 西 / 真ん中]の方にある[都市 / 島 / 町 / 村]
[북 / 남 / 동 / 서 / 한가운데]에 있는 [도시 / 섬 / 마을 / 고을]

---

③ そこの気候はどうですか。 그곳의 기후는 어떻습니까?

暖かい 따뜻하다	暑い 덥다	涼しい 시원하다
寒い 춥다	雨がよく降る 비가 자주 온다	雪がよく降る 눈이 자주 온다
風が強い 바람이 강하다	霧がよく出る 안개가 자주 끼다	その他 기타 ( )

---

④ 子供のとき、何をして遊びましたか。 어릴 때 무엇을 하고 놀았습니까? (2개 이상 골라 주세요.)

山に登る 산에 올라가다	海で泳ぐ 바다에서 헤엄치다	木に登る 나무에 올라가다
ゴムとびをする 고무줄놀이를 하다	かくれんぼをする 숨바꼭질을 하다	ままごとをする 소꿉놀이를 하다
ボール遊びをする 공놀이를 하다	たこあげをする 연날리기를 하다	こままわしをする 팽이치기를 하다
そりに乗る 썰매를 타다	ビー玉遊びをする 구슬 놀이를 하다	めんこ遊びをする 딱지 치기를 하다
その他 기타 ( )		

---

⑤ そこは何が有名ですか。 거기는 무엇이 유명합니까?

みかん 귤	りんご 사과	ぶどう 포도	なし 배	すいか 수박
まくわうり 참외	かき 감	のり 김	いしもち 굴비	かに 게
米 쌀	ビビンバ 비빔밥	高麗にんじん 고려인삼	韓牛 한우	くるみのおかし 호두과자
マックス 막국수	鶏肉のカルビ 닭갈비	仮面 가면	宮廷 궁궐	お城 성
お寺 절	タワー 타워	橋 다리	川 강	山 산
湖 호수	洞窟 동굴	風景 풍경	夜景 야경	その他 기타 ( )

---

⑥ 故郷はどんなところですか。 고향은 어떤 곳입니까?

きれいだ 깨끗하다	静かだ 조용하다	にぎやかだ 번화하다
住みやすい 살기 좋다	環境がいい 환경이 좋다	人情があふれる 인정이 넘친다
のどかだ 마음이 편하고 한가롭다	空気がおいしい 공기가 맑다	歴史を感じさせる 역사를 느끼게하다
緑が多い 자연이 많다	その他 기타 ( )	

STEP 2 STEP1에서 체크한 내용을 바탕으로 작문해 봅시다.

밑줄 부분의 번호는 옆 페이지의 질문 번호를 나타내며, / 는 자신에게 맞는 것에 ○해 봅시다.
더 쓰고 싶은 내용은 😊 표시가 있는 공간을 활용해 주세요.

 私の故郷

私の故郷は ❶＿＿＿＿＿＿という所です。
　わたし　　　　　　　　　　　　　　ところ

❶＿＿＿＿＿＿は韓国の ❷＿＿＿＿＿の方にある ❷＿＿＿＿＿で、
　　　　　　　　　かんこく　　　　　　　　　ほう

韓国の中では比較的 ❸＿＿＿＿＿＿＿＿＿方です。
かんこく なか　ひ かくてき

子供のときはよく ❹＿＿＿＿＿＿＿＿＿＿たり、

＿＿＿＿＿＿＿＿＿＿＿＿たりして遊びました。
　　　　　　　　　　　　　　あそ

私の故郷は ❺＿＿＿＿＿＿＿＿＿＿＿＿などが有名です。

また、 ❻＿＿＿＿＿＿＿＿＿＿＿ところだと思います。

＊ 고향에 대해 보다 자세히 써 봅시다.

😊＿＿＿＿＿＿＿＿＿＿＿＿＿＿＿＿＿＿＿＿＿＿＿＿＿＿＿
＿＿＿＿＿＿＿＿＿＿＿＿＿＿＿＿＿＿＿＿＿＿＿＿＿＿＿＿
＿＿＿＿＿＿＿＿＿＿＿＿＿＿＿＿＿＿＿＿＿＿＿＿＿＿＿＿
＿＿＿＿＿＿＿＿＿＿＿＿＿＿＿＿＿＿＿＿＿＿＿＿＿＿＿＿
＿＿＿＿＿＿＿＿＿＿＿＿＿＿＿＿＿＿＿＿＿＿＿＿＿＿＿＿
＿＿＿＿＿＿＿＿＿＿＿＿＿＿＿＿＿＿＿＿＿＿＿＿＿＿＿＿

＊ 자유 작문을 하고 싶은 학습자는 부록의 작문 노트를 이용해 주세요.

워드파워

:: 한국의 특산물

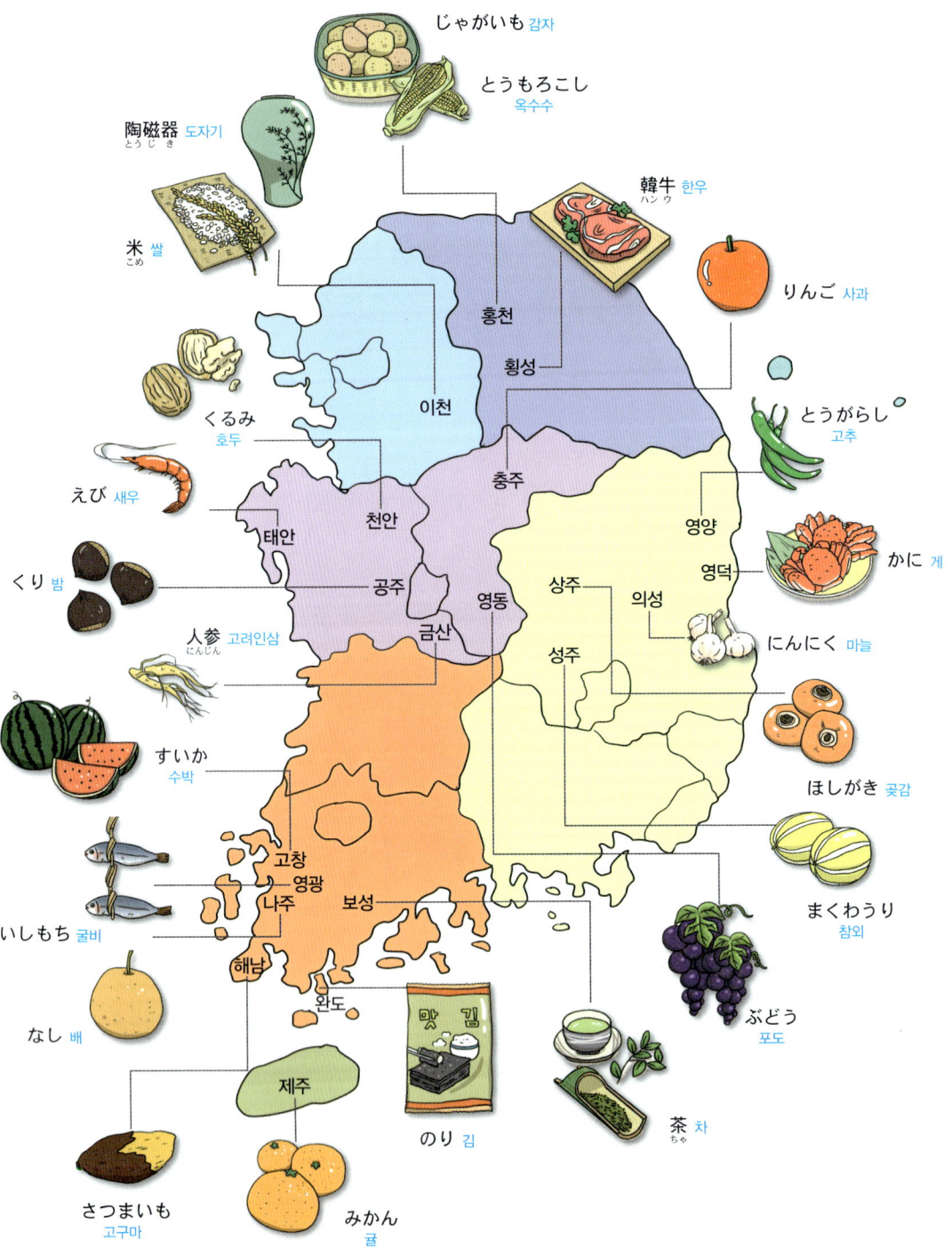

11과 私の夢
わたし ゆめ

미리 보기

◆ 다음 한국어 문장을 읽고, 오늘의 학습 내용을 생각해 봅시다.

저의 꿈은 <u>한국어 교사가 되는 것입니다</u>. <u>일본에 유학 가기 전에는</u> 특별한
　　　　　韓国語教師になることです　　　日本に留学する前は

꿈이 없었습니다. 그러나 <u>일본에서 돌아온 뒤</u> 한국어 교사가 되고 싶다고
　　　　　　　　　　　日本から帰った後

생각했습니다. 일본에서 한국어를 배우는 사람들과 많이 만났기 때문입니

다. 한국어 교사가 되기 위해서는 <u>한국어 공부를 많이 해야 합니다</u>. 매일
　　　　　　　　　　　　　　　韓国語の勉強をたくさんしなければなりません

공부로 바쁘고 힘듭니다만 꿈을 위해서 <u>열심히 하려고 생각합니다</u>.
　　　　　　　　　　　　　　　　　　がんばろうと思います

문형 설명은 P.150 참조

1 명사＋になる ~이 되다

- 韓国語教師になりたいです。
  かんこくごきょうし
- 彼は去年弁護士になりました。
  かれ きょねんべんごし

📝 私は今年20才＿＿＿＿＿＿＿＿＿＿＿＿＿＿。
  わたし ことし はたち
  저는 올해 20살이 됩니다.

2 동사 사전형＋こと ~것, ~일

- 私の夢は、韓国語教師になることです。
  ゆめ
- 私の趣味は、ピアノを弾くことです。
  しゅみ   ひ

📝 今年の目標は、5キロ＿＿＿＿＿＿＿＿＿＿＿＿＿＿＿。(やせる)
  もくひょう
  올해 목표는 5kg 빼는 것입니다.

3 동사 사전형＋前 ~하기 전
            まえ

- 日本に留学する前は特別な夢がありませんでした。
  にほん りゅうがく   とくべつ
- 就職する前に運転免許を取りたいです。
  しゅうしょく   うんてんめんきょ と

📝 毎日＿＿＿＿＿＿＿＿に日本語の単語を勉強しています。(寝る)
  まいにち   にほんご たんご べんきょう   ね
  매일 자기 전에 일본어 단어를 공부하고 있습니다.

4　동사 た형+た後 ~한 후

- 日本から帰った後、韓国語教師になりたいと思いました。
- 彼と別れた後、彼の大切さがわかりました。

✎ 宿題を＿＿＿＿＿、テレビを見ました。(する)
　숙제를 한 후 텔레비전을 봤습니다.

5　동사 ない형+なければならない ~하지 않으면 안 되다, ~해야 하다

- 韓国語の勉強をたくさんしなければなりません。
- 毎日遅くまで働かなければなりません。

✎ 自分のことは自分で＿＿＿＿＿＿＿＿＿＿＿＿＿＿。(する)
　자기 일은 자기가 해야 합니다.

6　동사 의지형+と思う ~하려고 하다

- 夢のためにがんばろうと思います。
- 今、連絡しようと思いました。

✎ 今日はこの服を＿＿＿＿＿＿＿＿＿＿＿＿。(着る)
　오늘은 이 옷을 입으려고 합니다.

단어

なる 되다	去年 작년	弁護士 변호사	今年 올해	夢 꿈	目標 목표	やせる 마르다, 살이 빠지다	特別だ 특별하다	運転 운전
免許 면허	取る 따다, 취득하다	単語 단어	別れる 헤어지다	大切だ 중요하다	~さ 형용사에 붙어 명사를 만듦	遅い 늦다	働く 일하다
自分 자신	連絡 연락	着る 입다

I 그림을 보고 보기와 같이 작문해 봅시다.

1 보기
この授業 / 毎週宿題をする
→ この授業は、毎週宿題をしなければなりません。

1 今日 / 早く帰る →＿＿＿＿＿＿＿＿＿＿＿＿＿＿＿＿
2 会員 / 会費を払う →＿＿＿＿＿＿＿＿＿＿＿＿＿＿＿＿
3 学生 / 試験を受ける →＿＿＿＿＿＿＿＿＿＿＿＿＿＿＿＿

2 보기
友だちと仲直りする
→ 友だちと仲直りしようと思います。

1 来週からジムに通う →＿＿＿＿＿＿＿＿＿＿＿＿＿＿＿
2 9時に会議を始める →＿＿＿＿＿＿＿＿＿＿＿＿＿＿＿
3 私も勉強会に参加する →＿＿＿＿＿＿＿＿＿＿＿＿＿＿＿

3 　使います / 読みます
　　　　　　　→ 使う前に読んでください。

1 食べます / 手を洗います　→ _____
2 帰ります / 提出します　→ _____
3 先輩が来ます / 片付けます　→ _____

II 다음은 미리 보기의 문장입니다. 한국어를 참고하여 빈칸에 알맞은 말을 써 봅시다.

私の夢は、韓国語教師＿＿＿＿＿＿（なる）ことです。日本に留学＿＿＿＿＿＿＿＿＿（する）は特別な夢がありませんでした。しかし、日本から＿＿＿＿＿＿＿、（帰る）韓国語教師＿＿＿＿＿＿＿＿＿（なる）と思いました。日本で韓国語を学ぶ人々と多く出会ったからです。韓国語教師＿＿＿＿＿＿＿は、韓国語の勉強をたくさん＿＿＿＿＿＿＿＿＿＿＿＿。(する)　毎日勉強で忙しくて大変ですが、夢＿＿＿＿ために＿＿＿＿＿＿＿＿＿＿＿＿（がんばる）と思います。

저의 꿈은 한국어 교사가 되는 것입니다. 일본에 유학 가기 전에는 특별한 꿈이 없었습니다. 그러나 일본에서 돌아온 뒤 한국어 교사가 되고 싶다고 생각했습니다. 일본에서 한국어를 배우는 사람들과 많이 만났기 때문입니다. 한국어 교사가 되기 위해서는 한국어 공부를 많이 해야 합니다. 매일 공부로 바쁘고 힘듭니다만 꿈을 위해서 열심히 하려고 생각합니다.

단어

毎週 매주 | 会員 회원 | 会費 회비 | 払う 지불하다 | 受ける 치르다 | 仲直り 화해 | ジム 체육관 | 通う 다니다 | 会議 회의 | 参加 참가
手 손 | 洗う 씻다 | 提出 제출 | 片付ける 정리하다 | しかし 그러나 | 学ぶ 배우다 | 出会う 만나다

체크 & 챌린지

STEP 1 다음 질문에 대한 답을 쓰거나 보기에서 골라 ○해 봅시다.

---

❶ あなたの夢は何ですか。 당신의 꿈은 무엇입니까?

教師(きょうし) 교사　　教授(きょうじゅ) 교수　　医師(いし) 의사　　歌手(かしゅ) 가수　　俳優(はいゆう) 배우
軍人(ぐんじん) 군인　　小説家(しょうせつか) 소설가　　研究員(けんきゅういん) 연구원　　公務員(こうむいん) 공무원　　銀行員(ぎんこういん) 은행원
弁護士(べんごし) 변호사　　美容師(びようし) 미용사　　政治家(せいじか) 정치가　　会社の社長(かいしゃのしゃちょう) 회사 사장　　会社の幹部(かいしゃのかんぶ) 회사 간부
スポーツ選手(せんしゅ) 스포츠선수　　　　アーティスト 예술가　　自分のお店を持つこと(じぶんのみせもつこと) 자기 가게를 갖는 것
その他(た) 기타 (　　　　　　　)

---

❷ いつから、そうなりたいと思(おも)いましたか。 언제부터 그렇게 되고 싶다고 생각했습니까?

最近(さいきん) 최근　　　　子供(こども)のときから 어릴 때부터　　　　中学生(ちゅうがくせい)のときから 중학생 때부터
高校(こうこう)のときから 고등학생 때부터　　大学(だいがく)に入学(にゅうがく)した後(あと) 대학교에 입학한 후　　大学を卒業(そつぎょう)した後 대학을 졸업한 후
その他 기타 (　　　　　　　)

---

❸ そうなりたい / そうしたいと思ったきっかけは何ですか。
그렇게 되고 싶다 / 그렇게 하고 싶다고 생각한 계기는 무엇입니까?

先生(せんせい)からのアドバイスがあった 선생님의 조언이 있었다
親(おや)に勧(すす)められた 부모님이 권했다
身近(みぢか)にその仕事(しごと)で活躍(かつやく)している人(ひと)がいる 가까이에 그 일로 활약하는 사람이 있다
その仕事が何(なん)となく気(き)に入(い)った 그 일이 왠지 마음에 들었다
その他 기타 (　　　　　　　　　　　　)

---

❹ そうなるためには、何をしなければなりませんか。 그렇게 되기 위해서는 무엇을 해야 합니까?

練習(れんしゅう)する 연습하다　　　　留学(りゅうがく)する 유학하다　　　　お金(かね)を貯(た)める 저축하다
研修(けんしゅう)を受(う)ける 연수를 받는다　　経験(けいけん)をつむ 경험을 쌓는다　　情報(じょうほう)を集(あつ)める 정보를 모으다
試験(しけん)に合格(ごうかく)する 시험에 합격하다　　いっしょうけんめい勉強(べんきょう)する 열심히 공부하다
免許(めんきょ)や資格(しかく)を取(と)る 면허나 자격증을 취득하다　　その他 기타 (　　　　　　　　　　)

---

❺ これからどうしようと思っていますか。 앞으로 어떻게 할 생각입니까?

大変(たいへん)だけど、がんばろう 힘들지만 열심히 하려고
時間(じかん)がかかるけど、がんばろう 시간이 걸리지만 열심히 하려고
お金がかかるけど、がんばろう 돈이 들지만 열심히 하려고
やりがいがあるのでがんばろう 보람이 있으니까 열심히 하려고
おもしろいのでがんばろう 재미있으니까 열심히 하려고
その他 기타 (　　　　　　　　　　　)

STEP 2 STEP1에서 체크한 내용을 바탕으로 작문해 봅시다.

밑줄 부분의 번호는 옆 페이지의 질문 번호를 나타내며, / 는 자신에게 맞는 것에 ○해 봅시다.
더 쓰고 싶은 내용은 😊 표시가 있는 공간을 활용해 주세요.

私の夢

私(わたし)の夢は、❶_____になることです。

❷_____、❶_____になりたいと思いました。

きっかけは

❸_____からです。

❶_____になるためには、

❹_____なければなりません。

* 예를 들어 필요한 자격증이나 시험 종류, 준비 비용이 얼마나 드는지, 주변에 그 꿈을 위해 같이 노력하는 사람이 있는 지 등 자유롭게 써봅시다.

😊_____
_____
_____
_____
_____

❺_____と思います。

* 자유 작문을 하고 싶은 학습자는 부록의 작문 노트를 이용해 주세요.

워드파워

:: 장래 희망 · 꿈

- 自分の店を持つ 자기 가게를 갖다
- いい会社に就職する 좋은 회사에 취직하다
- ○○でひとやまあてる ○○으로 대박을 터뜨리다
- お金もちになる 부자가 되다
- 株でひともうけする 주식으로 한밑천 잡다
- 有名人になる 유명인이 되다
- ○○を発明する ○○를 발명하다
- のんびり暮らす 한가롭게 살아가다
- 宝くじにあたる 복권에 당첨되다
- 結婚して幸せに暮らす 결혼해서 행복하게 살다
- 親孝行する 효도하다
- マイホームを持つ 내 집을 마련하다
- ○○に旅行する ○○에 여행하다
- 世界一周する 세계일주를 하다

12과 私のできること
わたし

미리 보기

◆ 다음 한국어 문장을 읽고, 오늘의 학습 내용을 생각해 봅시다.

저는 기타를 칠 수 있습니다. 기타를 배운 지 3년이 됩니다. 처음에는
　　　ギターを弾くことができます

손가락이 아파서 전혀 칠 수 없었지만, 지금은 어려운 곡도 칠 수 있게
　　　　　　　　全然弾けませんでしたが　　　難しい曲も弾けるように

되었습니다. 올해 친구와 밴드를 결성했습니다. 우선 곡을 정하고 나서 각
なりました　　　　　　　　　　　　　　　　　　曲を決めてから

자가 연습해서 그 뒤에 모두 함께 연주합니다. 아직 사람들 앞에서 연주한

적은 없지만 언젠가는 무대에 서는 것이 꿈입니다.
　　　　　　　　　ステージに立つのが夢です

문형 설명은 P.151 참조

1 　동사 사전형 + ことができる　~할 수 있다

- ここからは町全体を見ることができる。
- 私はギターを弾くことができます。

📝 英語で＿＿＿＿＿＿＿＿＿＿＿＿＿＿＿。（話す）
　　영어로 말할 수 있습니까?

2 　동사의 가능형

- 今は難しい曲も弾けます。
- 一人で着物が着られます。
- 私は運転ができます。

📝 私は納豆が＿＿＿＿＿＿＿＿＿＿＿＿＿。（食べる）
　　저는 낫토를 먹을 수 있습니다.

3 　동사 사전형・가능형 + ようになる　~하게 되다

- 最近、子供が野菜を食べるようになりました。
- 今は難しい曲も弾けるようになりました。

📝 日本語で少し＿＿＿＿＿＿＿＿＿＿＿＿＿＿＿＿。（話せる）
　　일본어로 조금 말할 수 있게 되었습니다.

4 동사 て형+てから　~하고 나서, ~한 다음

- まず曲を決めてから各自が練習します。
- 私は毎日シャワーをあびてから寝ます。

✎ 歯を＿＿＿＿＿＿＿＿＿＿＿＿顔を洗います。（磨く）
　이를 닦고 나서 세수를 합니다.

5 동사의 사전형+の　~것

- いつかはステージに立つのが夢です。
- 私は映画を見るのが好きです。

✎ カタカナを＿＿＿＿＿＿＿＿＿＿苦手です。（書く）
　가타카나를 쓰는 것이 서투릅니다.

Tip 술어가「です」나「である」로 끝난 경우는「こと」만 쓸 수 있다.
- 今年の目標は、禁煙することです。（○）
- 今年の目標は、禁煙するのです。（×）

| 全体 전체 | ギター 기타 | 着物 기모노, 옷 | 少し 조금, 약간 | 曲 곡 | 決める 정하다 | 各自 각자 | シャワーをあびる 샤워를 하다 | 歯 이 |
| 歯 이, 치아 | 顔 얼굴 | 磨く 닦다 | ステージ 무대 | 立つ 서다 | 禁煙 금연 |

I 그림을 보고 보기와 같이 작문해 봅시다.

宿題をやる / 遊ぶ
→ 宿題をやってから、遊びます。

1 もう少し仕事をする / 帰る → _____
2 野菜を切る / 煮込む → _____
3 最後まで聞く / 意見を言う → _____

スミスさん / 日本語の歌 / 歌う
→ スミスさんは日本語の歌が歌えます。

1 鈴木さん / 英語のニュース / 聞き取る → _____
2 エリカさん / 辛いもの / 食べる → _____
3 中川さん / バスの運転 / する → _____

3  2年生になる / 毎日勉強する
→ 2年生になって、毎日勉強するようになりました。

1 新しい家に引っ越す / 毎日掃除をする → _____

2 日本に来る / 日本語が話せる → _____

3 手術を受ける / 健康に気をつける → _____

Ⅱ 다음은 미리 보기의 문장입니다. 한국어를 참고하여 빈칸에 알맞은 말을 써 봅시다.

私はギターを_____(弾く)ことができます。ギターを習って3年になります。最初は指が痛くて全然_____(弾く)ませんでしたが、今は難しい曲も_____。(弾く) 今年、友人とバンドを組みました。まず曲を_____(決める)各自が練習_____、(する) その後みんなで演奏します。まだ人前で演奏_____、(する) _____はステージに立つ_____夢です。

저는 기타를 칠 수 있습니다. 기타를 배운 지 3년이 됩니다. 처음에는 손가락이 아파서 전혀 칠 수 없었지만, 지금은 어려운 곡도 칠 수 있게 되었습니다. 올해 친구와 밴드를 결성했습니다. 우선 곡을 정하고 나서 각자가 연습해서 그 뒤에 모두 함께 연주합니다. 아직 사람들 앞에서 연주한 적은 없지만 언젠가는 무대에 서는 것이 꿈입니다.

단어

最後 마지막, 최후 | 意見 의견 | ニュース 뉴스 | 辛い 맵다 | 引っ越す 이사하다 | 手術 수술 | 健康 건강 | 気をつける 신경쓰다 | 最初 맨처음, 최초 | 指 손가락 | 痛い 아프다 | 全然 전혀 | 友人 친구 | バンド 밴드 | 組む 짜다, 구성하다 | 演奏 연주 | 人前 남의 앞, 사람 앞

체크 & 챌린지

STEP 1 다음 질문에 대한 답을 쓰거나 보기에서 골라 ○해 봅시다.

❶ あなたが得意(とくい)なことは何(なん)ですか。 당신이 잘하는 것은 무엇입니까?

水泳(すいえい) 수영	野球(やきゅう) 야구	バドミントン 배드민턴	テニス 테니스
スケート 스케이트	サッカー 축구	スキー 스키	バスケットボール 농구
ピアノ 피아노	ギター 기타	韓国料理(かんこくりょうり) 한국요리	日本料理(にほん) 일본요리
中華料理(ちゅうか) 중화요리	日本語(にほんご) 일본어	英語(えいご) 영어	中国語(ちゅうごく) 중국어
歌(うた) 노래	ダンス 댄스	絵(え) 그림	車(くるま)の運転(うんてん) 차 운전
その他(た) 기타 ( )			

❷ それを始(はじ)めてからどれぐらいになりますか。 그것을 시작한 지 얼마나 되었습니까?

( )年(ねん) 년 ( )ヶ月(かげつ) 개월

❸ 最初(さいしょ)、何(なに)が一番難(いちばんむずか)しかったですか。 처음에 무엇이 제일 어려웠습니까?

- お金(かね)がかかって 돈이 들어서
- 道具(どうぐ)をそろえることが 도구를 갖추는 것이
- ルールの覚(おぼ)え方(かた)が 룰 외우는 법이
- 時間(じかん)が足(た)りなくて 시간이 부족해서
- その他 기타 ( )
- 指(ゆび)が痛(いた)くて 손가락이 아파서
- 道具の扱(あつか)い方が 도구 다루는 법이
- 上手(じょうず)にできなくて 잘하지 못해서
- 練習(れんしゅう)する場所(ばしょ)がなくて 연습할 장소가 없어서

❹ それを習(なら)ってから、どんなことができるようになりましたか。
그것을 배우고 난 다음 어떤 것을 할 수 있게 되었습니까?

- 泳(およ)げる 수영할 수 있다
- うまくおどれる 춤을 잘 출 수 있다
- うまくかける 잘 그릴 수 있다
- うまくできる 잘 할 수 있다
- 難(むずか)しい曲(きょく)が弾(ひ)ける 어려운 곡을 칠 수 있다
- その他 기타 ( )
- うまく歌(うた)える 노래를 잘 할 수 있다
- 早(はや)くすべれる 빨리 탈 수 있다
- うまく話(はな)せる 잘 말할 수 있다
- ある程度(ていど)できる 어느 정도 할 줄 안다
- 基礎的(きそてき)なことはできる 기초적인 것은 할 수 있다

❺ 目標(もくひょう)はなんですか。 목표는 무엇입니까?

- みんなに[聞(き)いてもらう / 見(み)てもらう / 食(た)べてもらう] 모두에게 [들려주다 / 보여주다 / 먹여주다]
- ○○大会(たいかい)に出(で)る ○○대회에 나가다
- 外国人(がいこくじん)と話(はな)す 외국인과 이야기하다
- 韓国(かんこく)を一周(いっしゅう)する 한국을 일주하다
- コンクールに出る 콩쿠르에 나가다
- 一人(ひとり)で外国旅行(がいこくりょこう)に行(い)く 혼자서 외국여행을 가다
- その他 기타 ( )

STEP 2 STEP1에서 체크한 내용을 바탕으로 작문해 봅시다.

밑줄 부분의 번호는 옆 페이지의 질문 번호를 나타내며, / 는 자신에게 맞는 것에 ○해 봅시다.
더 쓰고 싶은 내용은 😊 표시가 있는 공간을 활용해 주세요.

私のできること

私は ❶＿＿＿＿＿＿＿＿＿＿＿＿＿＿＿＿＿が得意です。
わたし

❶＿＿＿＿＿＿＿＿＿＿＿＿＿＿をはじめてから

❷＿＿＿＿＿年 / ヶ月になります。

最初は ❸＿＿＿＿＿＿＿＿＿＿＿＿＿＿＿＿大変でした。
　　　　　　　　　　　　　　　　　　　たいへん

今は ❹＿＿＿＿＿＿＿＿＿＿＿＿＿＿＿＿＿ようになりました。

* 언제 어디서 누구와 연습하는지, 좋아하는 곡(그림, 기술)은 어떤 것인지에 대해 자유롭게 써봅시다.

😊＿＿＿＿＿＿＿＿＿＿＿＿＿＿＿＿＿＿＿＿＿＿＿＿＿＿＿

＿＿＿＿＿＿＿＿＿＿＿＿＿＿＿＿＿＿＿＿＿＿＿＿＿＿＿＿＿

＿＿＿＿＿＿＿＿＿＿＿＿＿＿＿＿＿＿＿＿＿＿＿＿＿＿＿＿＿

＿＿＿＿＿＿＿＿＿＿＿＿＿＿＿＿＿＿＿＿＿＿＿＿＿＿＿＿＿

＿＿＿＿＿＿＿＿＿＿＿＿＿＿＿＿＿＿＿＿＿＿＿＿＿＿＿＿＿

いつか ❺＿＿＿＿＿＿＿＿＿＿＿＿＿＿＿のが夢です。
　　　　　　　　　　　　　　　　　　　　　　ゆめ

* 자유 작문을 하고 싶은 학습자는 부록의 작문 노트를 이용해 주세요.

워드파워

:: 여러 가지 악기

일반 악기

ピアノ 피아노	バイオリン 바이올린
チェロ 첼로	ドラム 드럼
フルート 플루트	トランペット 트럼펫
サックス 색소폰	木琴(もっきん) 목금, 실로폰

일본 악기

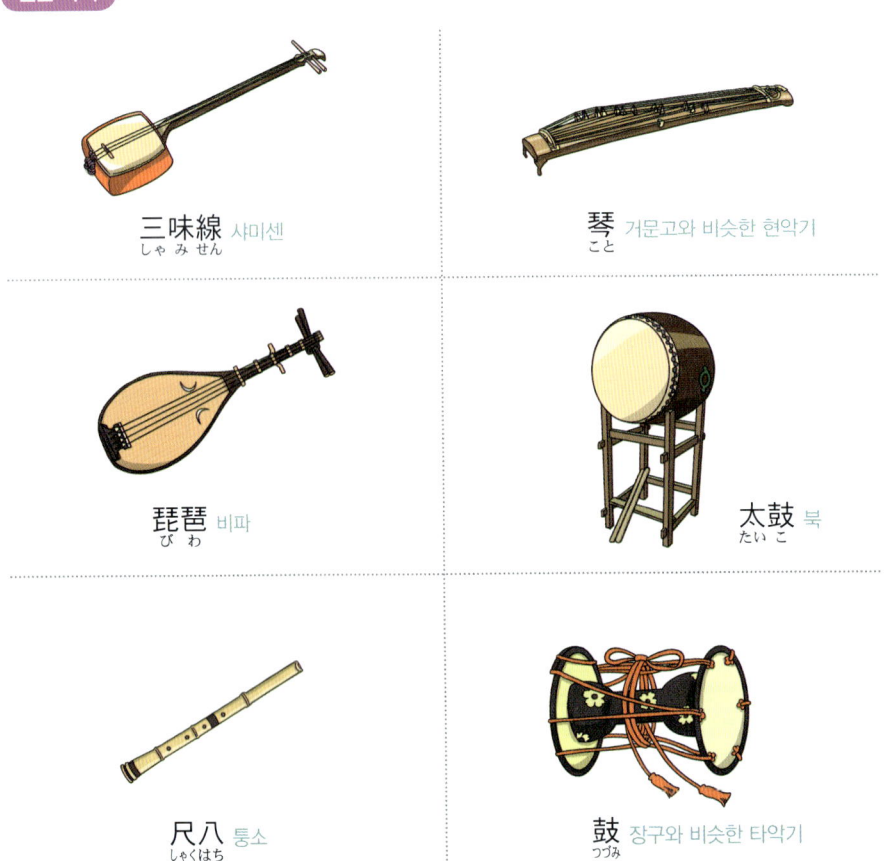

三味線(しゃみせん) 샤미센

琴(こと) 거문고와 비슷한 현악기

琵琶(びわ) 비파

太鼓(たいこ) 북

尺八(しゃくはち) 퉁소

鼓(つづみ) 장구와 비슷한 타악기

13과 私の忘れられない人
わたし　　わす　　　　　　　　ひと

미리 보기

◆ 다음 한국어 문장을 읽고, 오늘의 학습 내용을 생각해 봅시다.

저에게는 잊을 수 없는 사람이 있습니다. 그것은 고등학교 3학년 때의 선생님입니다. 선생님은 대학교를 막 졸업했고, 마치 언니와 같았습니다.
　　　　　　　　　　　　　　大学を卒業したばかりで、まるでお姉さんのようでした

제가 고민하고 있을 때는 이야기를 잘 들어 주었습니다. 올해 저도 교사가
　　　　　　　　　　　　　よく話を聞いてくれました

되었습니다. 전에 선생님이 제게 해 준 것을 이번에는 학생들에게 해 주고
　　　　　　　　私が先生にしてもらったことを　　　　　学生たちにしてあげ

싶습니다.
たいです

문형 설명은 P.152 참조

1 동사 た형+たばかり   막 ~했다, ~한 지 얼마 되지 않았다

- 私は昨日ソウルに着いたばかりです。
- 先生は大学を卒業したばかりでした。

✏️ 日本語の勉強は、まだ_____。（始める）
일본어 공부는 아직 시작한 지 얼마 되지 않았습니다.

2 (まるで)+명사+のようだ   (마치) ~인 것 같다

- ここはまるで別世界のようです。
- 先生は、まるでお姉さんのようでした。

✏️ 先生の研究室は_____。（図書館）
선생님의 연구실은 마치 도서관인 것 같았습니다.

3 동사 て형+てくれる   ~해 주다

- 悩んでいる時によく話を聞いてくれました。
- 兄が私に靴を買ってくれました。

✏️ 友だちが漢字の読み方を_____。（教える）
친구가 한자 읽는 법을 가르쳐 주었습니다.

4 동사 て형+てもらう ~해 주다

- 先生にしてもらったことを忘れません。
- 有名な画家に絵を描いてもらいました。

✏ 私は金さんに＿＿＿＿＿＿＿＿＿＿＿＿＿＿。（手伝う）
　　김 씨가 저를 도와 주었습니다. (저는 김 씨의 도움을 받았습니다.)

5 동사 て형+てあげる ~해 주다

- 弟に数学を教えてあげます。
- 先生にしてもらったことを今度は学生たちにしてあげたいです。

✏ 私は朴さんに傘を＿＿＿＿＿＿＿＿＿＿＿＿＿＿。（買う）
　　저는 박 씨에게 우산을 사 주었습니다.

Tip 이익이나 은혜를 받는 이가 화자인 경우는 3의 「동사 て형＋てくれる」를 쓰는 것이 좋다.

- 木村さんが教えてくれました。

卒業 졸업 | まるで 마치 | お姉さん 언니, 누나 | 別世界 별세계 | 研究室 연구실 | 悩む 고민하다 | 兄 형, 오빠 | 画家 화가 | 絵 그림
描く 그리다 | 手伝う 돕다 | 数学 수학 | 傘 우산 | 今度 이번

포인트 작문

I 그림을 보고 보기와 같이 작문해 봅시다.

①

  その店 / 昨日行く
　　　　　　　　　　➡ その店は昨日行ったばかりです。

1　このかばん / 先週買う　➡ _____
2　私の兄 / 先月除隊する　➡ _____
3　試験 / 昨日終わる　➡ _____

②

  彼氏 / スカートを買う
　　　　　　　　　➡ 彼氏にスカートを買ってもらいました。

1　母 / 昔話を読む　➡ _____
2　先輩 / 昼ごはんをおごる　➡ _____
3　友だち / 宿題を見せる　➡ _____

 佐藤さん / 私 / 日本語を教える
→ 佐藤さんは私に日本語を教えてくれました。

1 山田さん / 私 / DVDを買う → _____
2 先輩 / 私 / ノートを見せる → _____
3 山本さん / 私 / 本を貸す → _____

II 다음은 미리 보기의 문장입니다. 한국어를 참고하여 빈칸에 알맞은 말을 써 봅시다.

私には、忘れ_____人がいます。それは、高校3年生の時の先生です。先生は大学を卒業_____で、_____お姉さん_____。私が悩んでいる時によく話を聞いて_____。今年、私も教師_____。(なる) 以前、私が先生にして_____ことを今度は学生たちにして_____たいです。

저에게는 잊을 수 없는 사람이 있습니다. 그것은 고등학교 3학년 때의 선생님입니다. 선생님은 대학교를 막 졸업했고, 마치 언니와 같았습니다. 제가 고민하고 있을 때는 이야기를 잘 들어 주었습니다. 올해 저도 교사가 되었습니다. 전에 선생님이 제게 해 준 것을 이번에는 학생들에게 해 주고 싶습니다.

先月 지난달 | 除隊 제대 | 終わる 끝나다 | 彼氏 남자친구 | スカート 치마 | 昼ごはん 점심 (식사) | おごる 대접하다 | ノート 노트
貸す 빌려주다 | 高校 고등학교 | 以前 이전

체크&챌린지

STEP 1 다음 질문에 대한 답을 쓰거나 보기에서 골라 ○해 봅시다.

❶ あなたの忘（わす）れられない人（ひと）はだれですか。 당신의 잊을 수 없는 사람은 누구입니까?

[小学校（しょうがっこう） / 中学校（ちゅうがっこう） / 高校（こうこう） / 大学（だいがく）]のときの[先生（せんせい） / 先輩（せんぱい） / 後輩（こうはい） / 友（とも）だち]
[초등학교 / 중학교 / 고등학교 / 대학교] 때의 [선생님 / 선배 / 후배 / 친구]

会社（かいしゃ）の上司（じょうし） 회사 상사　　会社の同僚（どうりょう） 회사 동료　　会社の部下（ぶか） 회사 부하

昔（むかし）の恋人（こいびと） 옛 애인　　その他（た） 기타（　　　　　）

❷ 最初（さいしょ）の印象（いんしょう）はどうでしたか。 첫인상은 어땠습니까?

お父（とう）さん 아버지　　お母（かあ）さん 어머니　　お兄（にい）さん 형, 오빠　　お姉（ねえ）さん 누나, 언니
弟（おとうと） 남동생　　妹（いもうと） 여동생　　昔（むかし）からの親友（しんゆう） 옛날부터 알던 친구　　その他 기타（　　　　　）

❸ その人はあなたにいつ、何（なに）をしてくれましたか。
그 사람은 당신에게 언제, 무엇을 해주었습니까?

① いつ(どんなとき) 언제(어떤 때)

[友だち / 親（おや） / 先生 / 上司 / 先輩 / 後輩 / 同僚（どうりょう）]とうまくいかない
[친구 / 부모 / 선생님 / 상사 / 선배 / 후배 / 동료]와 관계가 안 좋다

困（こま）っている 곤란해하다　　悩（なや）んでいる 고민하고 있다　　成績（せいせき）が落（お）ちた 성적이 떨어졌다
失恋（しつれん）した 실연 당했다　　その他 기타（　　　　　）

② 何をしてくれた 무엇을 해주었다

よく相談（そうだん）に乗（の）る 고민을 잘 들어주다　　　　よく遊（あそ）ぶ 자주 놀아주다
いつも応援（おうえん）する 늘 응원해주다　　　　よくごちそうする 자주 맛있는 걸 사주다
よくお酒（さけ）を飲（の）みに連（つ）れて行（い）く 자주 술 마시러 데리고 가주다　その他 기타（　　　　　）

❹ それでどうでしたか。 그래서 어땠습니까?

とてもうれしかった 매우 기뻤다　　　　感動（かんどう）した 감동했다
勇気（ゆうき）が出（で）た 용기가 났다　　　　ありがたかった 고마웠다
とても楽（たの）しかった 매우 즐거웠다　　　　やる気（き）が出た 하고 싶은 마음이 생겼다
その他 기타（　　　　　）

STEP 2 STEP1에서 체크한 내용을 바탕으로 작문해 봅시다.

밑줄 부분의 번호는 옆 페이지의 질문 번호를 나타내며, / 는 자신에게 맞는 것에 ○해 봅시다.
더 쓰고 싶은 내용은 😊 표시가 있는 공간을 활용해 주세요.

私の忘れられない人

私には、忘れられない人がいます。
わたし

それは、❶_____です。

その ❶_____は、

まるで ❷_____のようでした。

❸-1_____ときに

❸-2_____てくれました。

それで ❹_____。

* 이외의 고민거리나 그것을 도와 준 사람에 대해 설명해 봅시다.

😊_____
_____
_____
_____

いつか私がしてもらったことを他の人にしてあげたいです。

* 자유 작문을 하고 싶은 학습자는 부록의 작문 노트를 이용해 주세요.

워드파워

:: 고민거리

人間関係 인간관계
にんげんかんけい

- 友だちができない 친구가 생기지 않는다
  とも
- 相談する相手がいない 의논할 상대가 없다
  そうだん　　あいて
- 上司とそりがあわない 상사와 잘 맞지 않는다
  じょうし
- コミュニケーションが苦手だ 커뮤니케이션을 잘 하지 못하다
  　　　　　　　　　　にがて

仕事 / 学校 일 / 학교
しごと　がっこう

- 就職先がない 취직할 곳이 없다
  しゅうしょくさき
- 給料が安い 월급이 적다
  きゅうりょう　やす
- 仕事がむいていない 일이 맞지 않다
  しごと
- したいことが見つからない 하고 싶은 일을 찾지 못하다
  　　　　　　み
- やる気がでない 의욕이 생기지 않다
  　　き
- 勉強ができない 공부를 못하다
  べんきょう
- 嫌がらせをうける 괴롭힘을 당하다
  いや

外見 외모
がいけん

- 背が低い 키가 작다
  せ　ひく
- 太っている 뚱뚱하다
  ふと
- 髪がうすい 머리카락이 적다
  かみ
- にきびがよく出る 여드름이 잘 생기다
  　　　　　　で

14과 私の韓国おすすめスポット
わたし かんこく

미리 보기

◆ 다음 한국어 문장을 읽고, 오늘의 학습 내용을 생각해 봅시다.

한국에는 추천 관광지가 많이 있습니다. <u>관광을 손쉽게 즐기려면</u> 명동을 추천합니다.
観光を手軽に楽しむなら

장소는 서울의 한 가운데이고, 지하철로 갈 수 있습니다. <u>거기에 가면</u> 쇼핑도 에스테틱도 즐길 수 있습니다. 또 근처에는 한옥마을도 있습니다.
そこに 行けば

<u>배가 고프면 식당이 아니라</u> 포장마차에서 싸고 맛있는 것을 <u>먹어 보는 것도 좋을 것입니다</u>. 여러분도 한 번 한국에 <u>놀러 와 주세요</u>.
お腹がすいたら、食堂ではなく　　　　　　　　　　　食べてみるのもいいでしょう　　　　　　　　　遊びに来てください

표현 보기

문형 설명은 P.153 참조

1 보통체형＋なら(단, 명사・な형용사 だ＋なら)　~라면

- 観光を手軽に楽しむなら、明洞がおすすめです。
- ケータイなら、あの店が安いです。

✍ 日本へ＿＿＿＿＿＿＿＿、北海道がいいと思います。(行く)
일본에 간다면 홋카이도가 좋습니다.

2 가정형＋ば　~면

- ここに行けば、ショッピングもエステも楽しむことができます。
- 忙しければ、帰ってもいいです。
- 暇ならば、来てください。
- タクシーならば、10分で行けます。

✍ ＿＿＿＿＿＿＿＿買います。(安い)
싸면 사겠습니다.

Tip 「な형용사」와 명사의 경우 「ならば」의 「ば」는 생략해도 된다.

3 보통체형 과거＋ら　~면

- お腹がすいたら、これを食べてください。
- 雨だったら試合は中止です。

✍ 家に＿＿＿＿＿＿＿＿電話します。(着く)
집에 도착하면 전화하겠습니다.

4　명사＋ではなく　~이 아니라

- 食堂ではなく、屋台で食べてみます。
- これは嘘ではなく、本当のことです。

💬 私は中国人＿＿＿＿＿＿＿＿＿＿、韓国人です。
저는 중국인이 아니라 한국인입니다.

5　보통체형＋でしょう(단, 명사・な형용사 だ＋でしょう)　~할 것입니다, ~하겠지요

- たぶん田中さんも行くでしょう。
- おいしいものを食べてみるのもいいでしょう。
- 明日も雨でしょう。

💬 たぶん渡辺さんも＿＿＿＿＿＿＿＿＿＿＿＿＿＿。(参加する)
아마 와타나베 씨도 참가할 것입니다.

6　동사 ます형＋に＋이동 동사　~하러

- 皆さんも一度韓国に遊びに来てください。
- 来週友だちと一緒に映画を見に行きます。

💬 佐藤さんは忘れ物を＿＿＿＿＿＿＿＿帰りました。(取る)
사토 씨는 잊어버린 물건을 가지러 돌아갔습니다.

단어

観光 관광 ｜ 手軽だ 간편하다, 간단하다 ｜ 楽しむ 즐기다 ｜ おすすめ 추천 ｜ ケータイ 휴대전화 ｜ 北海道 홋카이도(지명) ｜ ショッピング 쇼핑 ｜ エステ 에스테틱 ｜ タクシー 택시 ｜ お腹 배 ｜ すく (배가) 고프다 ｜ 中止 중지 ｜ 屋台 포장마차 ｜ 嘘 거짓말 ｜ 本当 정말 ｜ たぶん 아마 ｜ 皆さん 여러분 ｜ 忘れ物 잃은 물건

포인트 작문

I 그림을 보고 보기와 같이 작문해 봅시다.

  薬を飲む / すぐ治る
→ 薬を飲めばすぐ治ります。

1 もう少し登る / 休憩所がある → _____
2 簡単だ / やる → _____
3 このボタンを押す / コーヒーが出る → _____

  全部できる / 帰る
→ 全部できたら帰ります。

1 雨が止む / 出発する → _____
2 鈴木さんに会う / 伝えておく → _____
3 吉田さんが来る / 全員そろう → _____

3  先週 / 服を買う
せんしゅう ふく か
→ 先週服を買いに行きました。
　　　　　　　い

1　昨日 / 友だちとご飯を食べる　→ _____
　　きのう　とも　　　はん　た

2　先月 / 先生に会う　→ _____
　　せんげつ　せんせい　あ

3　先日 / 運転免許の試験を受ける　→ _____
　　せんじつ　うんてんめんきょ　しけん　う

II　다음은 미리 보기의 문장입니다. 한국어를 참고하여 빈칸에 알맞은 말을 써 봅시다.

韓国には、おすすめスポットがたくさんあります。観光を手軽に楽しむ____
かんこく　　　　　　　　　　　　　　　　　かんこう てがる た
_____、明洞がおすすめです。場所はソウルの真ん中で、地下鉄で行けま
　　　　ミョンドン　　　　　　　ばしょ　　　ま なか　ちかてつ
す。そこに_____(行く)ば、ショッピングもエステも楽しむ_____
_____。また、近くには韓屋マウルもあります。お腹が_____
　　　　　　　　　　　　　ちか　　ハンオク　　　　　　　なか
(すく)たら、食堂_____、屋台で_____(安い、
　　　　　　しょくどう　　　　　　　　やたい
おいしい) ものを食べてみるのもいい_____。皆さんも一度韓国に
　　　　　　　　　た　　　　　　　　　　　　　　　　みな　　いちど かんこく
_____(遊ぶ) 来てください。

한국에는 추천 관광지가 많이 있습니다. 관광을 손쉽게 즐기려면 명동을 추천합니다. 장소는 서울의 한 가운데이고, 지하철로 갈 수 있습니다. 거기에 가면 쇼핑도 에스테틱도 즐길 수 있습니다. 또 근처에는 한옥마을도 있습니다. 배가 고프면 식당이 아니라 포장마차에서 싸고 맛있는 것을 먹어 보는 것도 좋을 것입니다. 여러분도 한 번 한국에 놀러 와 주세요.

薬 약　治る (병이) 낫다　休憩所 휴게소　ボタン 버튼　押す 누르다　出る 나오다　止む 그치다, 멈추다　伝える 전하다　全員 전원
くすり　なお　　　　　きゅうけいじょ　　　　　　　お　　　で　　　　　や　　　　　　　つた　　　　　ぜんいん
そろう 모이다　先日 전일, 요전　スポット 스팟　場所 장소　真ん中 한가운데　近く 가까이
　　　　　　　せんじつ　　　　　　　　　　　ばしょ　　ま なか　　　　　ちか

14 私の韓国おすすめスポット　117

체크&챌린지

STEP 1 다음 질문에 대한 답을 쓰거나 보기에서 골라 ○해 봅시다.

❶ あなたが特におすすめしたい観光のポイントは何ですか。
당신이 특히 추천하고 싶은 관광 포인트는 무엇입니까?

| ショッピング 쇼핑 | 文化体験 문화체험 | 見学 견학 | エステ 에스테틱 |

その他 기타 (   )

❷ ❶のことができる場所はどこですか。 ❶을 할 수 있는 장소는 어디입니까?

明洞 명동 (ミョンドン)	東大門市場 동대문시장 (トンデムンいちば)	南大門市場 남대문시장 (ナムデムン)	仁寺洞 인사동 (インサドン)
鴨鷗亭 압구정 (アプグジョン)	弘大 홍대 (ホンデ)	三清洞 삼청동 (サムチョンドン)	漢江 한강 (ハンガン)
清潭洞 청담동 (チョンダムドン)	慶州 경주 (キョンジュ)	安東 안동 (アンドン)	海雲台 해운대 (ヘウンデ)
済州島 제주도 (チェジュド)	その他 기타 ( )		

❸ そこはどこにありますか。 어디에 있습니까?

ソウル 서울	仁川 인천 (インチョン)	大田 대전 (テジョン)	大邱 대구 (テグ)	蔚山 울산 (ウルサン)	光州 광주 (クァンジュ)
釜山 부산 (プサン)	江原道 강원도 (カンウォンド)	京畿道 경기도 (キョンギド)	忠清道 충청도 (チュンチョンド)	慶尚道 경상도 (キョンサンド)	全羅道 전라도 (チョンラド)
済州島 제주도 (チェジュド)	その他 기타 ( )				

❹ どうやって行けますか。 어떻게 갈 수 있습니까?

| 地下鉄 지하철 (ちかてつ) | バス 버스 | 高速バス 고속버스 (こうそく) | 汽車 기차 (きしゃ) |
| 車(自家用車) 차(자가용) (くるま じかようしゃ) | 船 배 (ふね) | 飛行機 비행기 (ひこうき) | その他 기타 (   ) |

❺ そこに行けば具体的にどんなことができますか。 (2개 이상 골라 주세요.)
거기에 가면 구체적으로 어떤 것을 할 수 있습니까?

おみやげを買うこと 선물을 사는 것	衣類を買うこと 의류를 사는 것
アクセサリーを買うこと 액세서리를 사는 것	陶磁器を作ること 도자기를 만드는 것
キムチを作ること 김치를 담그는 것	マッサージを受けること 마사지를 받는 것
博物館を見学すること 박물관을 견학하는 것	美術館を見学すること 미술관을 견학하는 것
遺跡を見学すること 유적을 견학하는 것	公演を見ること 공연을 보는 것
その他 기타 ( )	

❻ 一通り観光が終わったら何をしたらいいですか。
대강 관광이 끝나면 무엇을 하면 좋습니까?

韓国のお茶を飲む 한국 차를 마신다	しゃれたお店に入る 멋진 카페에 들어간다
お風呂に入る 목욕한다	屋台めぐりをする 포장마차에서 먹는다
カラオケに行く 노래방에 간다	夜景を見に行く 야경을 보러 간다
その他 기타 ( )	

STEP 2 STEP1에서 체크한 내용을 바탕으로 작문해 봅시다.

밑줄 부분의 번호는 옆 페이지의 질문 번호를 나타내며, / 는 자신에게 맞는 것에 ○해 봅시다.
더 쓰고 싶은 내용은 😊 표시가 있는 공간을 활용해 주세요.

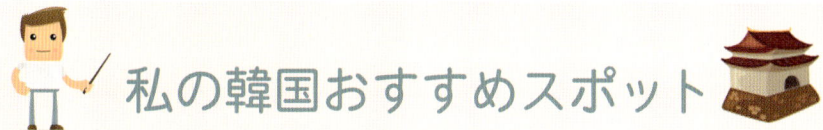

韓国には、おすすめスポットがたくさんあります。

❶＿＿＿＿＿＿＿＿＿＿＿＿なら、❷＿＿＿＿＿＿＿＿がおすすめです。

場所は ❸＿＿＿＿＿＿＿で、❹＿＿＿＿＿＿＿＿＿で行けます。
ばしょ

ここに行けば、❺＿＿＿＿＿＿＿＿＿＿＿＿も

＿＿＿＿＿＿＿＿＿＿＿＿＿もできます。

一通り観光が終わったら、

❻＿＿＿＿＿＿＿＿＿＿＿＿＿＿＿＿＿＿のもいいでしょう。

* 이외의 관광명소에 대해 설명해 봅시다.

😊＿＿＿＿＿＿＿＿＿＿＿＿＿＿＿＿＿＿＿＿＿＿＿＿＿＿＿＿＿

＿＿＿＿＿＿＿＿＿＿＿＿＿＿＿＿＿＿＿＿＿＿＿＿＿＿＿＿＿＿＿

＿＿＿＿＿＿＿＿＿＿＿＿＿＿＿＿＿＿＿＿＿＿＿＿＿＿＿＿＿＿＿

＿＿＿＿＿＿＿＿＿＿＿＿＿＿＿＿＿＿＿＿＿＿＿＿＿＿＿＿＿＿＿

＿＿＿＿＿＿＿＿＿＿＿＿＿＿＿＿＿＿＿＿＿＿＿＿＿＿＿＿＿＿＿

皆さんも一度韓国に遊びに来てください。
みな　　いちど　かんこく　あそ　き

* 자유 작문을 하고 싶은 학습자는 부록의 작문 노트를 이용해 주세요.

워드파워

:: 여행지에서 사오는 선물

お菓子 과자
　かし

おまんじゅう 만주

おもち 떡

お茶 차
　ちゃ

お酒 술
　さけ

チョコレート 초콜릿

キーホルダー 열쇠고리

工芸品 공예품
こうげいひん

アクセサリー 액세서리

えはがき 그림엽서

人形 인형
にんぎょう

ハンカチ 손수건

電子製品 전자제품
でんしせいひん

● 일본 차의 종류

煎茶　일본에서 가장 보편적으로 마시는 차로, 차 고유의 단맛과 떫은 맛이 난다.
せんちゃ

抹茶　직사광선을 피해 기른 어린 찻잎으로 만든 가루차로 주로 다도에서 사용한다.
まっちゃ

ほうじ茶　강한 불에 볶아 만든 차로 떫은 맛이 없고 산뜻하여 식후에 즐겨 마신다.
　　ちゃ

玄米茶　센차에 현미를 섞은 차로 현미 특유의 고소한 향이 있어 누구나 쉽게 마실 수 있다.
げんまいちゃ

15과 私の性格
わたし　せい　かく

미리 보기

◆ 다음 한국어 문장을 읽고, 오늘의 학습 내용을 생각해 봅시다.

저는 차가워 보인다고 합니다. 하지만 실제는 그렇지 않습니다. 저를 잘
私は冷たそうに見えるらしいです

아는 친한 친구한테서는 의외로 밝고 상냥하다는 말을 자주 듣습니다.
　　　　　　　　　　　　　　　　　　やさしいとよく言われます

저는 사람들 앞에서 그다지 웃지 않기 때문에 오해하는 사람이

많을지도 모릅니다. 그래서 요즘은 매일 아침 거울 앞에서 웃는
多いかもしれません

연습을 하려고 하고 있습니다.
練習をするようにしています

표현 보기

문형 설명은 P.155 참조

1 い형용사 い・な형용사 だ・동사 ます형 + そうだ ~것 같다

- このテーブルは丈夫そうです。
- 彼女は冷たそうに見えます。(「そうに」는「そうだ」의 부사형)

📝 今にも雨が＿＿＿＿＿＿＿＿＿＿＿＿＿＿＿。(降る)
　지금이라도 비가 올 것 같습니다.

Tip 「いい/よい」는「よさそうだ」,「ない」는「なさそうだ」가 된다.

- 金さんは性格がよさそうです。
- 特に問題はなさそうです。

2 보통체형 + らしい(단, 명사・な형용사 だ + らしい) ~것 같다, ~라고 하다

- 私は冷たそうに見えるらしいです。
- あの人は社員ではなくアルバイトらしいです。

📝 鈴木さんが会社を＿＿＿＿＿＿＿＿＿＿＿＿＿＿＿。(辞める)
　스즈키 씨가 회사를 그만둔다고 합니다.

3 보통체형 + と言われる ~라고 말해지다

- 私は明るくてやさしいとよく言われます。
- この作品は彼の代表作だといわれています。

📝 先生に努力が足りない＿＿＿＿＿＿＿＿＿＿＿＿＿＿＿。
　선생님에게 노력이 부족하다고 들었습니다.

4 보통체형＋かもしれない (단, 명사・な형용사 だ＋かもしれない) ~할 지도 모르다

- 誤解する人が多いかもしれません。
- このホテルは駅から遠いので不便かもしれません。

📝 来月、日本から友だちが＿＿＿＿＿＿＿＿＿＿＿＿＿＿＿。(来る)
다음달 일본에서 친구가 올지도 모릅니다.

5 동사 사전형＋ようにする ~하려고 하다, ~하도록 하다

- 私は鏡の前で笑う練習をするようにしています。
- 学校に行く時、一駅前で降りて歩くようにしています。

📝 毎日日本語の勉強を＿＿＿＿＿＿＿＿＿＿＿＿＿＿＿。(する)
매일 일본어 공부를 하도록 하고 있습니다.

| 冷たい 차갑다 | テーブル 테이블 | ない 없다 | 特に 특히 | 社員 사원 | 辞める 그만두다 | 作品 작품 | 代表作 대표작 | 努力 노력 |
| 足りる 족하다 | 誤解 오해 | ホテル 호텔 | 駅 역 | 遠い 멀다 | 来月 다음 달 | 鏡 거울 | 笑う 웃다 | 降りる 내리다 |

포인트 작문

I 그림을 보고 보기와 같이 작문해 봅시다.

中田さんのかばん / 高い
→ 中田さんのかばんは高そうです。

1 佐藤さん / まじめだ → _____
2 太田さん / たくさん飲む → _____
3 あの選手 / 調子がいい → _____

あの会社 / 給料がいい
→ あの会社は給料がいいらしいです。

1 彼の家 / お金持ちだ → _____
2 木村さん / 田中さんが好きだ → _____
3 吉田さん / 来ませんでした → _____

3  明日 / 雪が降る
あした ゆき ふ
→ 明日は雪が降るかもしれません。

1 この授業 / 少し難しい → _____
　　じゅぎょう　すこ　むずか

2 この表現 / 不適切だ → _____
　　ひょうげん　ふてきせつ

3 この話 / もう聞いた → _____
　　はなし　　　　き

II 다음은 미리 보기의 문장입니다. 한국어를 참고하여 빈칸에 알맞은 말을 써 봅시다.

私は_____(冷たい) そうに見える_____。でも、
わたし　　　　　　　　　　　　　　　　み

実際はそうではありません。私をよく知っている親友には、意外と明るくて
じっさい　　　　　　　　　　　　　し　　　　しんゆう　　　　いがい　あか

やさしいとよく_____。私は人前であまり_____
　　　　　　　　　　　　　　　　　ひとまえ

(笑う)ので、誤解する人が多い_____。それで、この
わら　　　　ごかい　ひと　おお

ごろは毎朝、鏡の前で笑う練習を_____(する)しています。
まいあさ　かがみ まえ わら　れんしゅう

저는 차가워 보인다고 합니다. 하지만 실제는 그렇지 않습니다. 저를 잘 아는 친한 친구한테서는 의외로 밝고 상냥하다는 말을 자주 듣습니다. 저는 사람들 앞에서 그다지 웃지 않기 때문에 오해하는 사람이 많을지도 모릅니다. 그래서 요즘은 매일 아침 거울 앞에서 웃는 연습을 하려고 하고 있습니다.

選手 선수 | 調子 상태, 컨디션 | 給料 급료 | 金持ち 부자 | 雪 눈 | 表現 표현 | 不適切だ 부적절하다 | 実際 사실 | 知る 알다 | 意外 의외
せんしゅ　　ちょうし　　　　　きゅうりょう　かね も　　ゆき　　ひょうげん　　ふてきせつ　　　　じっさい　　し　　　いがい
このごろ 요즘

체크 & 챌린지

STEP 1 다음 질문에 대한 답을 쓰거나 보기에서 골라 ○해 봅시다.

❶ 友だちや周りの人からよく何と言われますか。
친구나 주변 사람이 당신에 대해서 어떻게 이야기합니까?

❷ 実際の性格はどうですか。
실제 성격은 어떻습니까?

やさしい 상냥하다	おとなしい 얌전하다	親切だ 친절하다
こわい 무섭다	明るい 밝다	暗い 어둡다
冷たい 차갑다	ずうずうしい 뻔뻔하다	なまいきだ 건방지다
のんきだ 느긋하다	まじめだ 성실하다	きびしい 엄하다
すなおだ 순진하다	ずるい 교활하다	積極的だ 적극적이다
消極的だ 소극적이다	責任感が強い 책임감이 강하다	内気だ 내성적이다
リーダーシップがある 리더십이 있다	その他 기타 ( )	

❸ ❶のように見られるのはどうしてだと思いますか。
1과 같이 보여지는 것은 무엇 때문이라고 생각합니까?

よく笑う 잘 웃다	あまり笑わない 별로 안 웃다	まじめすぎる 너무 진지하다
無口だ 말이 없다	おしゃべりだ 수다쟁이다	優柔不断だ 우유부단하다
声が大きい 목소리가 크다	声が小さい 목소리가 작다	人見知りする 낯가림을 하다
人懐っこい 붙임성이 좋다	すぐおこる 쉽게 화내다	
思ったことをすぐ口にする 생각한 것을 바로 말한다		
思ったことを言わない 생각한 것을 잘 말하지 않는다		
感情を表に出す 감정을 얼굴에 나타낸다		
感情を表に出さない 감정을 얼굴에 나타내지 않는다		
その他 기타 ( )		

❹ そんな誤解をされないためにどんな努力をしていますか。
그런 오해를 받지 않기 위해 어떤 노력을 하고 있습니까?

できるだけおこらない 되도록 화내지 않는다	おもしろい話をする 재미있는 이야기를 하다
大きな声で話す 큰 소리로 말하다	堂々とふるまう 당당하게 행동하다
よく笑う 잘 웃다	はっきり話す 또박또박 말하다
慎重に行動する 신중하게 행동하다	人の話をよく聞く 남의 이야기를 잘 듣다
明るくふるまう 밝게 행동하다	その他 기타 ( )

STEP 2　STEP1에서 체크한 내용을 바탕으로 작문해 봅시다.

밑줄 부분의 번호는 옆 페이지의 질문 번호를 나타내며, / 는 자신에게 맞는 것에 ○해 봅시다.
더 쓰고 싶은 내용은 ☺ 표시가 있는 공간을 활용해 주세요.

私の性格

私は ❶＿＿＿＿＿＿＿＿＿＿＿＿＿そうに見えるらしいです。
　　わたし　　　　　　　　　　　　　　　み

でも、実際はそうではありません。

私をよく知っている人からは、
　　　　　し

意外と ❷＿＿＿＿＿＿＿＿＿＿＿＿＿とよく言われます。
いがい

私は ❸＿＿＿＿＿＿＿＿＿＿＿＿＿＿＿＿＿ので、

誤解する人が多いかもしれません。
ごかい

それで、❹＿＿＿＿＿＿＿＿＿＿＿＿＿＿＿ようにしています。

* 좀 더 노력하고 있는 것이 있다면 자세히 설명해 봅시다.

☺＿＿＿＿＿＿＿＿＿＿＿＿＿＿＿＿＿＿＿＿＿＿＿＿＿＿＿
＿＿＿＿＿＿＿＿＿＿＿＿＿＿＿＿＿＿＿＿＿＿＿＿＿＿＿＿
＿＿＿＿＿＿＿＿＿＿＿＿＿＿＿＿＿＿＿＿＿＿＿＿＿＿＿＿
＿＿＿＿＿＿＿＿＿＿＿＿＿＿＿＿＿＿＿＿＿＿＿＿＿＿＿＿
＿＿＿＿＿＿＿＿＿＿＿＿＿＿＿＿＿＿＿＿＿＿＿＿＿＿＿＿

* 자유 작문을 하고 싶은 학습자는 부록의 작문 노트를 이용해 주세요.

워드파워

:: 자기 계발

- 話し方教室に通う 화술학원에 다니다
  はな かた きょうしつ かよ
- 自己啓発の本を読む 자기계발 책을 읽다
  じ こ けいはつ ほん よ
- 講演会やセミナーに参加する 강연회나 세미나에 참가하다
  こうえんかい さん か
- 自己暗示をかける 자기암시를 걸다
  じ こ あん じ
- カウンセリングを受ける 상담을 받다
  う
- 考え方を変える 생각을 바꾸다
  かんが かた か
- 習慣を変える 습관을 바꾸다
  しゅうかん か
- 目標を決める 목표를 정하다
  もくひょう き
- 相手の立場で考える 상대방 입장에서 생각하다
  あい て たち ば かんが
- 日記をつける 일기를 쓰다
  にっ き
- 大きな声で歌を歌う 큰 소리로 노래부르다
  おお こえ うた うた
- 自分からすすんであいさつする 내가 먼저 다른 사람에게 인사하다
  じ ぶん
- おもしろいエピソードをメモする 재미있는 이야기를 메모하다
- 手品を習う 마술을 배우다
  て じな なら
- 運動する 운동하다
  うんどう
- 瞑想する 명상하다
  めいそう

16과 私の好きな歌
わたし　　す　　　うた

> 미리 보기

◆ 다음 한국어 문장을 읽고, 오늘의 학습 내용을 생각해 봅시다.

제가 좋아하는 노래는 SMAP의 "세계에 하나뿐인 꽃"입니다. 어느 설문조사에 의하면 이 노래는 매년 "좋아하는 노래 랭킹" 상위에 들어간다고 합니다.
　　　　　　　　　　　　　　　　　　　　　　　　　　　　　　上位に入るそうです

벌써 몇 년도 전 노래인데도, 기억하고 있는 사람이 많은 것 같습니다. 특히
　　 何年も前の歌なのに、　　　　　　　　 人が多いようです

저는 "No.1이 되지 않아도 돼"라는 가사를 좋아합니다. 요즘 사회는 경쟁이 너
　　　　　　　　　　　　　　　　　　　　　　　　　　　　　　　　競争が

무 심합니다. 저는 이 노래를 들으면 기분이 밝아집니다.
激しすぎます　　　この歌を聞くと気持ちが明るくなります

문형 설명은 P.156 참조

1 보통체형＋そうだ ～라고 하다

- この歌は毎年「好きな歌ランキング」の上位に入るそうです。
- 天気予報によると、明日は晴れだそうです。

- 友人によると、この科目は＿＿＿＿＿＿＿＿＿＿＿＿。（易しい）
  친구에 의하면 이 과목은 쉽다고 합니다.

2 보통체형＋のに(단, 명사 な・な형용사 な＋のに) ～는데(도)

- 走ったのに、終電に間に合いませんでした。
- もう何年も前の歌なのに、覚えている人が多いようです。
- 寒いのに子供たちは外で遊んでいます。

- 一生懸命＿＿＿＿＿＿＿＿＿＿、合格できませんでした。（勉強する）
  열심히 공부했는데도 합격하지 못했습니다.

3 보통체형＋ようだ(단, 명사 の・な형용사 な＋ようだ) ～것 같다

- 田中さんも行くようです。
- この歌を覚えている人は多いようです。
- 彼はおとなしい女の人が好きなようです。

- もうみんな＿＿＿＿＿＿＿＿＿＿＿。（帰る） 벌써 모두 돌아간 것 같습니다.

Tip 양태를 나타낼 경우 명사에는 「ようだ」만 사용할 수 있으며 「そうだ」는 쓸 수 없다.

- 彼は学生のようです。(○)
- 彼は学生そうです。(×)

4 い형용사 い・な형용사 だ・동사 ます형+すぎる　너무 ~하다, 지나치게 ~하다

- 今の社会は競争が激しすぎます。
  いま　しゃかい　きょうそう　はげ
- この問題は簡単すぎます。
  もんだい　かんたん

📝 昨日は＿＿＿＿＿＿＿＿＿＿＿＿＿＿＿＿。（飲む）　어제는 너무 마셨습니다.
　きのう　　　　　　　　　　　　　　　　の

5 동사 사전형＋と　~하면, ~했더니, ~하자

- 私はこの歌を聞くと、勇気が出ます。
  　　　　　　き　　　　　ゆうき　で
- そんな質問をすると、彼女が困るでしょう。
  　　　しつもん　　　　　かのじょ　こま

📝 ストレスが＿＿＿＿＿＿＿＿＿と、食べたくなります。（たまる）
　스트레스가 쌓이면 많이 먹고 싶어집니다.

6 い형용사 い＋くなる / な형용사 だ＋になる　~해지다, ~하게 되다

① い형용사

- この歌を聞くと、気持ちが明るくなります。
  　　　　き　　　　きも　　あか

📝 最近彼の態度が＿＿＿＿＿＿＿＿＿＿＿＿＿。（冷たい）　요즘 그의 태도가 차가워졌습니다.
　さいきんかれ　たいど　　　　　　　　　　　　　　　　つめ

② い형용사

- おばあさんは元気になりました。
  　　　　　　げんき

📝 この店はテレビに出て＿＿＿＿＿＿＿＿＿＿＿＿＿。（有名だ）
　　みせ　　　　　　で　　　　　　　　　　　　　　　ゆうめい
　이 가게는 텔레비전에 나와서 유명해졌습니다.

단어

毎年 매년 | ランキング 랭킹 | 上位 상위 | 天気予報 일기예보 | 科目 과목 | 易しい 쉽다 | 終電 막차 | 間に合う 시간에 대다 | 覚える
まいとし　　　　　　　　　じょうい　　てんきよほう　　　　かもく　　　やさ　　　　しゅうでん　　ま　あ　　　　おぼ
기억하다 | ～たち ～들 | 外 밖 | おとなしい 얌전하다 | 女の人 여자 | 社会 사회 | 競争 경쟁 | 激しい 심하다 | 勇気 용기 | 質問 질문 | 困る
　　　　　　　　　　　そと　　　　　　　　　　　　おんな　ひと　　しゃかい　　きょうそう　　はげ　　　　　ゆうき　　　しつもん　　こま
곤란하다 | ストレス 스트레스 | たまる 쌓이다 | 気持ち 기분 | 態度 태도 | おばあさん 할머니
　　　　　　　　　　　　　　　　　　　　　　　きも　　　　たいど

16과 私の好きな歌　131

포인트 작문

I 그림을 보고 보기와 같이 작문해 봅시다.

 あの二人 / 親戚だ
→ あの二人は親戚だそうです。

1 このお寺 / とても古い → _____
2 ニューヨーク / にぎやかだ → _____
3 この薬 / よく効く → _____

 山下さんは体が小さい / 力が強い
→ 山下さんは体が小さいのに、力が強いです。

1 森岡さんは学生だ / 車を持っている → _____
2 この歌手は歌が下手だ / 人気がある → _____
3 熱がある / 出かけた → _____

3  足が痛い
あし いた
→ 足が痛くなりました。

1 最近春らしい →＿＿＿＿＿＿＿＿＿＿＿＿＿＿＿＿＿＿＿＿＿＿
 さいきんはる

2 彼女はきれいだ →＿＿＿＿＿＿＿＿＿＿＿＿＿＿＿＿＿＿＿＿＿＿
 かのじょ

3 地下鉄ができて便利だ →＿＿＿＿＿＿＿＿＿＿＿＿＿＿＿＿＿＿＿
 ちかてつ べんり

II 다음은 미리 보기의 문장입니다. 한국어를 참고하여 빈칸에 알맞은 말을 써 봅시다.

私の好きな歌はSMAPの「世界に一つだけの花」です。あるアンケート調査＿＿
わたし す うた   せかい ひと   はな   ちょうさ
＿＿＿＿＿＿、この歌は毎年「好きな歌ランキング」の上位に＿＿＿＿＿＿
              まいとし す うた   じょうい
（入る）そうです。もう何年も前の歌＿＿＿＿＿＿、覚えている人が＿＿＿＿＿＿
                 なんねん まえ   おぼ
（多い）ようです。特に私には「No.1にならなくてもいい」という歌詞が好きで
           とく   ナンバー ワン   かし す
す。この頃の社会は競争が＿＿＿＿＿＿＿＿（激しい）すぎます。私はこの歌を
 ごろ しゃかい きょうそう   はげ
＿＿＿＿＿＿（聞く）と、気持ちが＿＿＿＿＿＿＿＿＿＿＿＿＿＿。（明るい）
            き   きも   あか

제가 좋아하는 노래는 SMAP의 "세계에 하나뿐인 꽃"입니다. 어느 설문조사에 의하면 이 노래는 매년 "좋아하는 노래 랭킹" 상위에 들어간다고 합니다. 벌써 몇 년도 전 노래인데도, 기억하고 있는 사람이 많은 것 같습니다. 특히 저는 "NO.1이 되지 않아도 돼"라는 가사를 좋아합니다. 요즘 사회는 경쟁이 너무 심합니다. 저는 이 노래를 들으면 기분이 밝아집니다.

단어

親戚 친척 | 寺 절 | 古い 오래되다 | 効く 효과가 있다 | 体 몸 | 強い 세다 | 車 차 | 歌手 가수 | 人気 인기 | 熱 열 | ある 어느 | アンケート 앙케이트 | 調査 조사 | 歌詞 가사 | この頃 요즘, 근래

체크 & 챌린지

STEP 1 다음 질문에 대한 답을 쓰거나 보기에서 골라 ○해 봅시다.

---

❶ あなたの好きな歌はだれの何という歌ですか。 (한국어로 써도 됩니다.)
당신이 좋아하는 노래는 누구의 어떤 노래입니까?

歌手 가수:　　　　　　　　タイトル 제목:

---

❷ それはどんなジャンルの歌ですか。 그것은 어떤 장르의 노래입니까?

韓国の歌謡 한국 가요　　　韓国のトロット 한국 트로트　　　韓国の童謡 한국 동요
K-POP K팝　　　J-POP J팝　　　洋楽 팝송　　　ジャズ 재즈　　　ロック 록　　　クラシック 클래식

---

❸ それはいつの歌ですか。 그것은 언제 노래입니까?

最近 최근　　　昔 옛날

---

❹ その歌の客観的な記録や評価はどうですか。 그 노래의 객관적인 기록이나 평가는 어떻습니까?

① その記録や評価の根拠は何ですか。 그 기록이나 평가의 근거는 무엇입니까?

[統計 / 調査 / 発表] [통계 / 조사 / 발표]

② カラオケで一番歌われている 노래방에서 가장 많이 불렸다
その年一番のセールスがあった 그 해 가장 많이 팔렸다
海外でも人気があった 해외에서도 인기가 있었다
○○賞を受賞した ○○상을 수상했다　　　その他 기타 (　　　　　　　)

---

❺ その歌に対する人々の反応はどうですか。 그 노래에 대한 사람들의 반응은 어떻습니까?

昔の歌なのに、今も多くの人に愛されている 옛날 노래인데 지금도 많은 사람들에게 사랑받고 있다
最近の歌なのに、もう定番になっている 최근 노래인데 벌써 많이 불려지고 있다
特に若者の間で人気がある 특히 젊은이들 사이에서 인기가 있다
特に年輩の人の間で人気がある 특히 나이가 많은 사람들 사이에서 인기가 있다
すべての世代に人気がある 모든 세대에 인기가 있다
いい歌なのに、あまり知られていない 좋은 노래인데 많이 알려지고 있지 않다
いい歌なのに、あまり人気がない 좋은 노래인데 별로 인기가 없다
その他 기타 (　　　　　　　　　　　)

---

❻ その歌を聞くと、どんな気持ちになりますか。 그 노래를 들으면 어떤 마음이 듭니까?

明るくなる 밝아진다　　　幸せになる 행복해진다　　　すなおになる 순수해진다
うれしくなる 즐거워진다　　　切なくなる 애절해진다　　　元気になる 힘이 난다
歌いたくなる 노래하고 싶어진다　　　おどりたくなる 춤추고 싶어진다
あたたかい気持ちになる 마음이 따뜻해진다　　　心が軽くなる 마음이 가벼워진다
ストレスがなくなる 스트레스가 없어진다　　　その他 기타 (　　　　　　　)

STEP 2 STEP1에서 체크한 내용을 바탕으로 작문해 봅시다.

밑줄 부분의 번호는 옆 페이지의 질문 번호를 나타내며, / 는 자신에게 맞는 것에 ○해 봅시다.
더 쓰고 싶은 내용은 ☺ 표시가 있는 공간을 활용해 주세요.

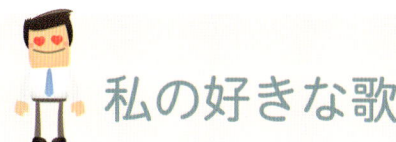

私の好きな歌は、❶_____の_____です。

❷_____で、❸_____の歌です。

ある ❹-1_____によると、

この歌は ❹-2_____そうです。

❺_____ようです。

* 좋아하는 노래의 가사나 노래의 특징 등을 자세히 설명해 봅시다.

☺_____

_____

_____

_____

_____

_____

私はこの歌を聞くと、❻_____くなります。

* 자유 작문을 하고 싶은 학습자는 부록의 작문 노트를 이용해 주세요.

노래 특징

- ノリがいい 흥겹다
- テンポが速い / 遅い 템포가 빠르다 / 느리다
- メロディが覚えやすい 멜로디가 기억하기 쉽다
- 振り付けがおもしろい 안무가 재미있다
- 歌いやすい 노래 부르기 쉽다
- 迫力がある 박력이 있다
- 歌手の声がきれいだ 가수의 목소리가 예쁘다
- リズムがいい 리듬이 좋다
- 歌詞が心に響く 가사가 심금을 울리다
- イントロが印象的だ 전주가 인상적이다
- デュエットしやすい 듀엣하기 쉽다
- ハーモニーがきれいだ 하모니가 아름답다
- 自分も知らない間に口ずさんでいる 나도 모르는 사이에 흥얼거리고 있다

부록

❶ 표현 보기 문형 설명

❷ 모범 답안

❸ 작문 노트

표현 보기 문형 설명

01과 自己紹介

① 명사＋は~명사＋です / ではありません ~은 ~입니다 / ~은 ~이 아닙니다

조사「は」는 그 앞의 명사가 문장의 주제임을 나타내며,「です」는 명사에 붙어 판단이나 단정을 나타낸다. 부정형은 명사 뒤에「ではありません」을 붙인다.

② 명사＋の ~의, ~인

「の」는 명사와 명사 사이에 붙어 소유, 내용, 위치, 기준, 작성자, 동격 등의 의미를 나타낸다. 우리말 '~의'와 달리 일본어의「の」는 생략되지 않는다.

③ 명사＋に住んでいます ~에 살고 있습니다

주거지를 나타내는 말로, 우리말에서는 '삽니다'와 '살고 있습니다'를 모두 쓸 수 있으나, 일본어에서는 현재 거주하고 있는 경우 반드시「住んでいます」의 형태로 써야 한다.

④ 명사＋で ~이고, ~이며

명사 뒤에「で」를 붙여 명사로 문장을 연결할 때 쓴다.

⑤ 명사＋と ~과, 와

명사와 명사를 나열할 때 쓴다.

※ **전공명**

中国語 중국어 ちゅうごくご	歴史 역사 れきし	文献情報 문헌정보 ぶんけんじょうほう	哲学 철학 てつがく	心理学 심리학 しんりがく
教育 교육 きょういく	数学 수학 すうがく	地理 지리 ちり	法学 법학 ほうがく	行政 행정 ぎょうせい
政治外交 정치외교 せいじがいこう	不動産 부동산 ふどうさん	環境 환경 かんきょう	物理 물리 ぶつり	化学 화학 かがく
建築 건축 けんちく	農業 농업 のうぎょう	医学 의학 いがく	薬学 약학 やくがく	

02과 私の家族

① 명사 + で ~해서, ~에, ~서

「で」는 수량 등을 나타내는 명사 뒤에 붙어 그것이 한 묶음임을 나타낸다. 「全部で」는 '다 합쳐서', 「三つで」는 '3개에', 「一人で」는 '혼자서'처럼 문장에 따라서 다르게 해석된다.

② い형용사 + です / い형용사 어간 + くありません ~합니다 / ~하지 않습니다

일본어의 두 가지 형용사 중 어미가 「い」로 끝나는 형용사를 「い형용사」라고 한다. 긍정형은 「い형용사」 뒤에 「です」를 붙이고, 부정형은 어미 「い」를 「く」로 바꾸고 「ありません」을 붙인다. 「ありません」 대신에 「ないです」를 쓰기도 한다.

③ 문장 + が ~인데, ~는데, ~지만

「が」는 문장 뒤에 붙어 역접이나 전제를 나타낸다.

④ な형용사 어간 + です / な형용사 어간 + ではありません ~합니다 / ~하지 않습니다

일본어의 두 가지 형용사 중 어미가 「だ」로 끝나는 형용사를 「な형용사」라고 한다. 긍정형은 「な형용사」의 어미 「だ」를 「です」로 바꾸고, 부정형은 「だ」를 「ではありません」으로 바꾼다. 「ありません」 대신에 「ないです」를 사용하기도 한다.

⑤ 명사は + 명사より + い형용사 + です
　명사は + 명사より + な형용사 어간 + です　~은 ~보다 ~합니다

두 개의 사물이나 사람을 비교할 때 쓰는 표현이다.

03과 　私の好きな季節

① 名詞の中で＋名詞が＋一番＋い形容詞＋です　　～중에서 ～이 가장 ～입니다
　　名詞の中で＋名詞が＋一番＋な形容詞 어간＋です

3개 이상의 비교대상 중 최고를 선택할 때 쓰는 표현이다.

② い形容詞 어간＋くて / な形容詞＋で　～하고, ～해서

형용사로 문장을 연결할 때 쓰는 표현이다.
① い形容詞 : 「い形容詞」는 어미 「い」를 「くて」로 바꾼다.
② な形容詞 : 「な形容詞」는 어미 「だ」를 「で」로 바꾼다.

③ い形容詞・な形容詞＋からです　～하기 때문입니다

원인이나 이유를 나타내는 표현으로, 「い形容詞」나 「な形容詞」 기본형 뒤에 「からです」를 붙인다.

④ い形容詞＋名詞 / な形容詞 어간＋な＋名詞　～한, ～운

명사를 수식할 때 쓰는 표현이다.
① い形容詞 : 「い形容詞」는 뒤에 명사만 붙인다.
② な形容詞 : 「な形容詞」는 어미 「だ」를 「な」로 바꾸고 명사를 붙인다.

⑤ 名詞＋が　～이, 가

「が」는 명사 뒤에 붙어 그 명사가 문장의 주어임을 나타낸다.

04과 私の家

① 명사+が ある / いる ~이 있다

사물이나 사람의 존재를 나타내는 표현이다.
① ある : 사물이나 식물 등 스스로 움직일 수 없는 존재를 나타낼 때에는 「ある」를 쓴다.
② いる : 사람이나 동물 등 스스로 움직일 수 있는 존재를 나타낼 때에는 「いる」를 쓴다.

② 명사+には~ある / いる ~에는 ~있다

사물이나 사람이 존재하는 장소에는 조사 「に」를 붙이며, 「は」와 함께 존재 장소에 대해 무엇인가를 설명할 때 쓴다.

③ 명사+や+명사+など ~이랑 ~등

「や」는 명사를 부분적으로 나열할 때 쓰는 조사로 「など」가 함께 쓰이기도 한다.

④ 명사+の 上(うえ) / 中(なか) / 下(した)… ~위 / ~안 / ~밑

위치관계를 나타낼 때 명사 뒤에 「の」와 위치를 나타내는 명사를 붙여 쓴다.

⑤ 명사+も ~도

「も」는 명사 뒤에 붙어 그 명사도 같은 부류임을 나타낸다.

05과 私の一日

1 동사의 **ます형+ます / ません** ~합니다/ ~하지 않습니다

동사에 「ます」를 붙일 때 쓰는 형태를 「ます형」이라 한다. 「ます」를 연결하는 방법은 다음과 같다.

① 1그룹동사는 어미 「う」단을 「い」단으로 바꾸고 「ます」를 붙인다.
② 2그룹동사는 「る」를 없애고 「ます」를 붙인다.
③ 3그룹동사 「来る」는 「来ます」로, 「する」는 「します」로 바꾼다.

※ 동사의 ます형 만들기

1그룹동사 (5단동사)	어미 う단 → い단+ます	書く → 書きます 買う → 買います 飲む → 飲みます 話す → 話します
2그룹동사 (1단동사)	る → ます	見る → 見ます 食べる → 食べます
3그룹동사 (불규칙동사)	불규칙 활용	来る → 来ます する → します

※ 「ます」대신 「ません」을 쓰면 부정형이 된다.

2 동사 **ます형+ながら** ~하면서

동사의 「ます형」에 붙어 두 동작이 동시에 일어나는 것을 나타낸다. 「ながら」가 붙는 동사는 시간적인 폭이 있는 동작이어야 하며, 주가 되는 동작은 뒤에 온다.

3 명사+から、명사+まで ~에서 ~까지

「から」는 명사에 붙어 공간적이나 시간적인 기점을 나타내며, 「まで」는 공간적이나 시간적인 종점을 나타낸다.

4 조사

1 **명사+に**
   ① 시간 : ~에
      때를 나타내는 명사에 붙어 동작이 행해지는 시점을 나타낸다.
   ② 도착점 : ~에
      장소를 나타내는 명사에 붙어 도착점을 나타낸다.

2 **명사+を** : ~을, 를
   명사 뒤에 붙어 대상을 나타낸다.

3 **명사+で**
   ① 장소 : ~에서
      명사 뒤에 붙어 동작이 행해지는 장소를 나타낸다.
   ② 수단, 도구 : ~로
      명사 뒤에 붙어 수단이나 도구를 나타낸다.

06. 私の得意料理

① 동사 ます형+方(かた) ~하는 방법, ~하는 법

「方」는 동사「ます형」에 붙어 그 동작을 하는 방법이나 방식을 나타낸다. 「한자어 する」로 이 형태를 만들 때는「한자어+のしかた」로 한다.

② 명사+に ~에게, ~에게서

「に」는 명사 뒤에 붙어 동작이나 행동의 상대를 나타낸다.

③ 동사의 て형+て ~하고, ~해서

동사에「て」를 붙여 두 문장을 한 문장으로 연결할 때 사용한다.

동사에「て」를 붙일 때 쓰는 형태를「て형」이라 한다. 「て」를 연결하는 방법은 다음과 같다.

① 1그룹동사는 아래와 같이 어미에 따라 다르게 연결한다.
② 2그룹동사는 어미「る」를 없애고「て」를 붙인다.
③ 3그룹동사「来(く)る」는「来(き)て」, 「する」는「して」로 바꾼다.

※ 동사의 て형 만들기

1그룹동사 (5단동사)	❶ 어미　く → いて 　　　　ぐ → いで	書(か)く → 書いて 泳(およ)ぐ → 泳いで (단, 行(い)く → 行って)
	❷ 어미　う 　　　　つ → って 　　　　る	買(か)う → 買って 待(ま)つ → 待って 作(つく)る → 作って
	❸ 어미　ぬ 　　　　ぶ → んで 　　　　む	死(し)ぬ → 死んで 遊(あそ)ぶ → 遊んで 飲(の)む → 飲んで
	❹ 어미　す→して	話(はな)す → 話して
2그룹동사 (1단동사)	る → て	見(み)る → 見て 食(た)べる → 食べて
3그룹동사 (불규칙동사)	불규칙 활용	来(く)る → 来(き)て する → して

④ 동사 て형+てください ~해 주세요, ~하세요

「동사 て형」에「てください」가 붙어 의뢰나 행위, 지시를 나타낸다.

⑤ 동사 ます형+やすい ~하기 쉽다

「동사 ます형」에「やすい」가 붙어 어떤 동작이 용이하거나 그런 것이 일어나는 경향이 있다는 것을 나타낸다.

07 私のほしいもの

① 명사+がほしい ~을 가지고 싶다

무엇인가를 가지고 싶은 마음을 나타낸다. 우리말과 달리 대상을 나타내는 말에 「が」를 쓴다는 점에 주의한다.

② 동사 ます형+たい ~하고 싶다

동사 「ます형」에 「たい」가 붙어서 무엇인가를 하고 싶다는 마음을 나타낸다. 대상을 나타내는 말에는 「が」를 붙여 「명사 が+동사 ます형+たい」의 형태로 쓴다.

③ 동사 て형+ている ~하고 있다

동작이 진행되는 상태, 동작이나 변화가 일어난 결과가 남아 있는 것 등을 나타낸다.

④ い형용사 い+く ~하게

「い형용사」 어미 「い」를 「く」로 바꿔 부사적으로 쓴다.

⑤ 동사 て형+てみる ~해 보다

어떤 행위를 시도한다는 의미를 나타내며, 이 의미로 사용할 때에는 「みる」를 한자로 쓰지 않는다.

08과 私の秘訣

1 동사 ない형+ないでください ~하지 말아 주세요, ~하지 마세요

부정의 의뢰나 지시를 나타낼 때 쓴다.
「ない형」을 만드는 방법은 다음과 같다.
① 1그룹동사는 어미 「う단」을 「あ단」으로 바꾸고 「ない」를 붙인다.
　(단, 「う」로 끝난 동사는 「わ」로 바꾸고 「ない」를 붙인다).
② 2그룹동사는 어미 「る」를 없애고 「ない」를 붙인다.
③ 3그룹동사 「来る」는 「来ない」, 「する」는 「しない」로 바꾼다.

※ 동사의 ない형 만들기

1그룹동사 (5단동사)	어미 う단 → あ단+ない (단, う로 끝난 동사는 わ로)	書く → 書かない 飲む → 飲まない 会う → 会わない
2그룹동사 (1단동사)	る → ない	見る → 見ない 食べる → 食べない
3그룹동사 (불규칙동사)	불규칙 활용	来る → 来ない する → しない

2 동사 て형+てもいい ~해도 되다

허가를 나타내는 표현으로, 「いいです」 대신 「大丈夫だ(괜찮다), 構わない(개의치 않다)」 등을 쓰기도 한다.

3 な형용사 だ+に ~하게

「な형용사」 어미 「だ」를 「に」로 바꿔 부사적으로 쓴다.

4 동사 사전형+ため / 명사+のため ~하기 위해 / ~을 위해

동사 사전형이나 명사에 붙어 목적을 나타낸다. '위해서'라는 의미로 사용할 때는 「ために」로, '위한'이라는 의미로 사용할 때는 「ための」로 한다.

5 동사 사전형+つもりだ ~할 생각이다, ~할 작정이다

어떤 행위를 하려고 생각하고 있음을 나타낼 때 쓴다.

09과 私の旅の思い出

❶ 동사 た형+たことがある　~한 적이 있다

과거의 경험을 나타낼 때 쓰는 표현이며, 동사에 「た」를 붙일 때 쓰는 형태를 「た형」이라 한다. 「た」를 연결하는 방법은 다음과 같다.

① 1그룹동사는 아래와 같이 어미에 따라 다르게 연결한다.
② 2그룹동사는 「る」를 없애고 「た」를 붙인다.
③ 3그룹동사 「来る」는 「来た」로, 「する」는 「した」로 바꾼다.

※ 동사의 た형 만들기

1그룹동사 (5단동사)	❶ 어미	く → いた ぐ → いだ	書く → 書いた 泳ぐ → 泳いだ (단, 行く → 行った)
	❷ 어미	う つ → った る	買う → 買った 待つ → 待った 作る → 作った
	❸ 어미	ぬ ぶ → んだ む	死ぬ → 死んだ 遊ぶ → 遊んだ 飲む → 飲んだ
	❹ 어미	す → した	話す → 話した
2그룹동사 (1단동사)	る → た		見る → 見た 食べる → 食べた
3그룹동사 (불규칙동사)	불규칙 활용		来る → 来た する → した

❷ 동사 ます형+ました / ませんでした　~했습니다 / ~하지 않았습니다

「ます」의 과거형은 「ました」이며 부정형은 「ませんでした」이다.

❸ 동사 て형+てしまう　~해 버리다, ~하고 말다

어떤 행위가 완료된 것을 나타낼 때 쓴다. 무의지동사 뒤에 연결될 때는 후회나 유감을 나타내는 경우가 많다.

표현 보기 문형 설명

④ 보통체형+ので (단, 명사 な・な형용사 な+ので) ~하기 때문에, ~하므로, ~하니까

원인이나 이유를 나타낼 때 쓴다. 3과에 나온 「から」와 유사하지만 「ので」는 「から」보다 정중한 대화에서 선호되는 경향이 있다.

⑤ い형용사 어간+かったです / くありませんでした
な형용사 어간+でした / ではありませんでした   ~했습니다 / ~하지 않았습니다

① い형용사 : 「い형용사」의 과거형은 어미 「い」를 「かったです」로 바꾸고, 부정형은 「くありませんでした」를 붙인다. 「ありませんでした」 대신 「なかったです」를 쓰기도 한다.

② な형용사 : 「な형용사」의 과거형은 어미 「だ」를 「でした」로 바꾸고, 부정형은 「ではありませんでした」를 붙인다.

10과 私の故郷

① 명사+という ~라는, ~라고 하는

명사 뒤에 붙어 잘 모르는 사람이나 사물, 장소 등을 말할 때 사용한다.

② 동사의 명사 수식형

동사는 보통체형으로 명사를 수식한다.

③ 명사 수식형+とき ~할 때

「とき」는 명사 수식형에 붙어 동작이나 상태의 시간을 나타낸다.

④ 동사 た형+たり ~하기도 하고, ~하거나

여러 동작 중 몇 가지를 나열할 때 쓰며, 활용은 「た형」과 동일하다.

⑤ 의문사+か ~가

의문사 뒤에 「か」를 붙여 불특정한 사람이나 물건, 방향 등을 나타낸다.

⑥ 보통체형+と思う ~라고 생각하다

화자의 의견을 나타낼 때 쓴다.

11과 私の夢

① 명사 + になる ~이 되다

상태의 변화를 나타낼 때 쓰는 표현으로 우리말과 달리 조사 「に」를 쓴다는 점에 주의한다.

② 동사 사전형 + こと ~것, ~일

동사 사전형에 붙어 문장이나 절 등을 명사화할 때 쓴다.

③ 동사 사전형 + 前(まえ) ~하기 전

어떤 동작이나 행동을 하기에 앞서 하는 일을 나타낼 때 쓴다.

④ 동사 た형 + た後(あと) ~한 후

어떤 동작이나 행동이 종료된 후에 뒤이어 동작이 일어나는 것을 나타낸다.

⑤ 동사 ない형 + なければならない ~하지 않으면 안 되다, ~해야 하다

어떤 행동이 의무이거나 반드시 필요한 일임을 나타낼 때 쓴다.

⑥ 동사 의지형 + と思(おも)う ~하려고 하다

동사의 의지형에 붙어 화자의 의사를 표명할 때 쓰는 표현으로, 「思う」와 「思っている」를 모두 쓸 수 있으나, 「思っている」를 쓰면 그 생각이 오래 지속되어 왔음을 나타낸다. 동사의 의지형을 만드는 방법은 다음과 같다.

① 1그룹동사는 어미 「う단」을 「お단」으로 바꾸고 「う」를 붙인다.
② 2그룹동사는 어미 「る」를 「よう」로 바꾼다.
③ 3그룹동사 「来る」는 「来よう」, 「する」는 「しよう」로 바꾼다.

※ 동사의 의지형 만들기

1그룹동사 (5단동사)	う단 → お단+う	書(か)く → 書こう 買(か)う → 買おう 遊(あそ)ぶ → 遊ぼう 乗(の)る → 乗ろう 話(はな)す → 話そう
2그룹동사 (1단동사)	る → よう	見(み)る → 見よう 食(た)べる → 食べよう
3그룹동사 (불규칙동사)	불규칙 활용	来(く)る → 来(こ)よう する → しよう

12과 私のできること

① 동사 사전형+**ことができる** ~할 수 있다

가능이나 능력을 나타낸다.

② 동사의 가능형

동사의 가능형을 만드는 방법은 다음과 같다.
① 1그룹동사는 어미「う단」을「え단」으로 바꾸고「る」를 붙인다.
② 2그룹동사는 어미「る」를「られる」로 바꾼다.
③ 3그룹동사「来る」는「来られる」,「する」는「できる」로 바꾼다.

※ 동사의 가능형 만들기

1그룹동사 (5단동사)	う단 → え단+る	書く → 書ける 買う → 買える 飲む → 飲める 話す → 話せる
2그룹동사 (1단동사)	る → られる	見る → 見られる 起きる → 起きられる 食べる → 食べられる 寝る → 寝られる
3그룹동사 (불규칙동사)	불규칙 활용	来る → 来られる する → できる

③ 동사 사전형·가능형+**ようになる** ~하게 되다

전에는 없었던 상태가 지금은 존재한다는 것을 나타낼 때 쓴다.

④ 동사 て형+**てから** ~하고 나서, ~한 다음

어떤 동작이 종료된 뒤 이어서 다른 동작이 일어나는 것을 나타낸다.

⑤ 동사의 사전형+**の** ~ 것

문장을 명사화할 때 쓰는 표현으로 ①과 ②에 나온「こと」와 대부분의 경우 교체하여 사용할 수 있다.

13과 私の忘れられない人

① 동사 た형+たばかり 막 ~했다, ~한 지 얼마 되지 않았다

동작이 완료된 상태를 나타낼 때 쓴다.

② (まるで)+명사+のようだ (마치) ~인 것 같다

명사 뒤에 붙어 비유의 의미를 나타낼 때 쓴다.

③ 동사 て형+てくれる ~해 주다

타인이 화자와 가까운 사람(대부분의 경우 화자 자신)에게 이로운 행동을 해 주는 것을 나타낼 때 쓴다.

④ 동사 て형+てもらう ~해 주다

타인에게 이로운 행동을 제공받은 것을 나타내는데, 우리말에는 없는 표현이므로 주의한다.

⑤ 동사 て형+てあげる ~해 주다

주격에 오는 사람이 타인에게 이익이나 은혜를 베푸는 것을 나타낼 때 쓴다.

14과 私の韓国おすすめスポット

① 보통체형+なら (단, 명사·な형용사 だ+なら) ~라면

주로 상대방이 한 번 말한 화제를 받아 그 화제에 관한 정보를 주는 경우 쓴다.

② 가정형+ば ~면

조건 표현의 하나로 어떤 일이 성립되기 위해 필요한 조건을 나타낸다. 가정형을 만드는 방법은 다음과 같다.
① 동사에 연결할 때는 그룹에 상관없이 어미 「う단」을 「え단」으로 바꾸고 「ば」를 붙인다.
② 「い형용사」는 어미 「い」를 「ければ」로 바꾼다.
③ 「な형용사」는 어미 「だ」를 「ならば」로 바꾼다.
④ 명사 역시 「ならば」를 붙인다.

※ 가정형 만들기

동사	1그룹동사	う단 → え단+ば	書く → 書けば 買う → 買えば 飲む → 飲めば 話す → 話せば
	2그룹동사	る → れば	見る → 見れば 食べる → 食べれば
	3그룹동사	불규칙 활용	来る → 来れば する → すれば
い형용사		い → ければ	おいしい → おいしければ 高い → 高ければ よい(いい) → よければ
な형용사		だ → なら(ば)	好きだ → 好きなら(ば) 便利だ → 便利なら(ば)
명사		명사+なら(ば)	社員 → 社員なら(ば)

③ 보통체형 과거+ら ~면

조건 표현의 하나로 일회적이거나 시간이 지나면 반드시 성립되는 일, 우연히 일어난 사건 등을 나타낼 때 쓴다. 문말에 의지, 희망, 권유, 의뢰 등의 다양한 표현이 올 수 있다. 단, 다른 조건 표현 형식과 비교해서 회화체적인 느낌을 준다.

표현 보기 문형 설명

④ 명사+ではなく ~이 아니라

앞부분을 부정하여 그 뒤에 화자가 적절하다고 생각하는 것을 덧붙이는 표현으로, 「ではなくて」라는 형태로도 쓰인다.

⑤ 보통체형+でしょう(단, 명사・な형용사 だ+でしょう) ~할 것입니다, ~하겠지요

화자의 추측을 나타내는 표현으로, 보통체로 쓰인 문장에서는 「だろう」를 쓴다.

⑥ 동사 ます형+に+이동동사 ~하러

「行く(가다), 来る(오다), 帰る(돌아가다, 돌아오다)」 등의 이동동사를 동반하여 이동하는 목적을 나타낼 때 쓴다.

15과 私の性格

① い형용사 い・な형용사 だ・동사 ます형+そうだ ~것 같다

외관상의 모습이나 인상 등 시각적 정보를 토대로 한 추측을 나타내며, 명사에는 연결되지 않는다.

② 보통체형＋らしい(단, 명사・な형용사 だ＋らしい) ~것 같다, ~라고 하다

화자가 어떤 상황을 근거로 추측을 하거나 전문을 나타낼 때 쓰는 표현으로, 추측을 나타낼 때는「ようだ」와 비슷하지만「ようだ」에 비해서 판단에 대한 책임감이나 그 사태에 대한 관심이 적은 느낌을 준다.

③ 보통체형＋と言われる ~라고 말해지다

「言われる」는「言う」의 수동형으로 직접 타인에게 어떤 말을 들었을 때도 쓰이지만, 사람들의 일반적인 인식을 나타낼 때에도 사용한다. 후자의 경우에는「いわれる」를 히라가나로 표기하는 것이 일반적이다.

④ 보통체형＋かもしれない(단, 명사・な형용사 だ＋かもしれない) ~할지도 모르다

어떤 일이나 상황이 일어날 수 있는 가능성이 있음을 나타낼 때 쓴다.

⑤ 동사 사전형＋ようにする ~하려고 하다, ~하도록 하다

어떤 행위를 하도록 노력하는 것을 나타내며,「ようになる」대신「ようにしている」를 쓰면 그 노력을 지속적으로 해 왔다는 의미가 된다.

16과 私の好きな歌

① 보통체형+そうだ ~라고 하다

화자가 들은 이야기를 전달할 때 쓰는 표현으로, 정보원을 명시할 때에는 「~によると / ~によれば」를 함께 쓰기도 한다.

② 보통체형+のに(단, 명사 な・な형용사 な+のに) ~는데(도)

앞부분에서 예상되는 것과 다른 결과가 초래되었음을 나타내는 역접 표현이다.

③ 보통체형+ようだ(단, 명사 の・な형용사 な+ようだ) ~ 것 같다

화자가 어떤 상황을 근거로 판단을 내릴 때 쓴다.

④ い형용사 い・な형용사 だ・동사 ます형+すぎる 너무 ~하다, 지나치게 ~하다

정도가 지나치거나 심한 것을 나타낼 때 쓴다.

⑤ 동사 사전형+と ~하면, ~했더니, ~하자

조건 표현의 하나로 앞문장의 조건이 일어나면 반드시 뒷부분이 일어난다는 것을 나타낸다. 뒤 문장에 의지, 희망, 권유, 의뢰 등이 올 수 없다.

⑥ い형용사 い+くなる / な형용사 だ+になる ~해지다, ~하게 되다

상태의 변화를 나타낸다.
① い형용사 : 「い형용사」 어미를 「く」로 바꾸고 「なる」를 붙인다.
② な형용사 : 「な형용사」 어미 「だ」를 「に」로 바꾸고 「なる」를 붙인다.

01과 自己紹介

표현 보기 p.10~11

1. 私は会社員です / 会社員ではありません。
2. 鈴木さんは日本語の先生です。
3. 私の友だちは日本に住んでいます。
4. 私は会社員で、担当は営業です。
5. 私の親友は金さんと朴さんです。

포인트 작문 p.12~13

I 1. ① 朴さんは軍人です。
     ② 佐藤さんは会社員です。
     ③ 鈴木さんは高校生です。
   2. ① 私の友だちは高橋さんと田中さんです。
     ② 金さんの専攻は日本語と経済です。
     ③ スミスさんの休みは月曜日と金曜日です。
   3. ① 金さんは大学生で、趣味はサッカーです。
     ② スミスさんはアメリカ人で、仕事は教師です。
     ③ 私は医者で、出身は済州島です。

II はじめまして。私の名前はイ・ユリです。出身はプサンです。でも、今はソウルに住んでいます。20才で、大学1年生です。専攻は経済です。趣味は読書と映画鑑賞です。どうぞよろしくお願いします。

체크&챌린지 p.15

はじめまして。
私の名前は ❶ キム・スヒョンです。
出身は ❷ 忠清道です。
今は ❸ 仁川に住んでいます。
❹ 24才で、❺ 会社員です。
担当は ❻ 経理です。
趣味は ❼ ショッピングと ❼ 食べ歩きです。

☺ _____

どうぞよろしくお願いします。

02과 私の家族

표현 보기 p.18~19

1. 私のクラスは全部で40人です。
2. 学生食堂はおいしいです / おいしくありません。
3. 私は24才ですが、まだ大学2年生です。
4. 日本の図書館は静かです / 静かではありません。
5. 野球はサッカーよりおもしろいです。

포인트 작문 p.20~21

I 1. ① 私の妹は背が低いです。
     ② 学校は近いです。
     ③ ダイヤの指輪は高いです。
   2. ① 図書館は静かです。
     ② 地下鉄は便利です。
     ③ 学生食堂のおばさんは不親切です。
   3. ① 英語は日本語より難しいです。
     ② 大邱はソウルより暖かいです。
     ③ スミスさんは私よりテニスが上手です。

II 私の家族は全部で4人です。父と母と弟と私です。父は銀行員です。きびしいですが、とてもおもしろいです。母は料理が上手です。母の料理は、お店の料理よりおいしいです。弟は高校生です。弟と私は仲よしで

す。私は家族が大好きです。

체크&챌린지　　　　　　　　　　p.23

私の家族は全部で❶ 5人です。

❷ 父と母と兄と妹と私です。

まず、私の❸-1 兄について紹介します。

私の❸-1 兄は❸-2 軍人です。

❸-3 おもしろいです。

❸-1 兄は❸-4 サッカーが上手です。

❸-5 私より上手です。

☺ _____

03 私の好きな季節

표현 보기　　　　　　　　　　p.26~27

1　スポーツの中で野球が一番得意です。

2　1. 山田さんはおもしろくて親切です。
　　2. 地下鉄は便利で速いです。

3　私は冬がきらいです。寒いからです。

4　1. これは難しい問題です。
　　2. 東京は便利な町です。

5　建物が新しいです。

포인트 작문　　　　　　　　　　p.28~29

Ⅰ　1　① 日本の料理の中ですしが一番おいしいです。
　　　② 音楽の中でジャズが一番好きです。
　　　③ クラスの中で渡辺さんが一番成績がいいです。

　　2　① 朴さんは元気で明るいです。
　　　② このイチゴは甘くておいしいです。
　　　③ 山田先輩はきれいで優しいです。

　　3　① 佐藤さんは真面目な人です。

② これはおもしろい小説です。

③ ひなちゃんはかわいい女の子です。

Ⅱ　春・夏・秋・冬の中で、私は春が一番好きです。春は暖かくて、美しいからです。ピンク色のさくら、黄色のれんぎょう、白いもくれんなど、いろあざやかできれいな花が多いです。そして、私の誕生日は春です。実はこれが春が好きな理由です。

체크&챌린지　　　　　　　　　　p.31

春・夏・秋・冬の中で、私は❶ 秋が一番好きです。

❶ 秋は❷ 空が高くて、紅葉が美しいからです。

❶ 秋は❸ なし、かき、ぶどうなど、おいしいものが多いです。

☺ _____

これがこの季節が好きな理由です。

04 私の家

표현 보기　　　　　　　　　　p.34~35

1　1. トイレはあそこにあります。
　　2. 金さんは兄弟がいます。

2　私の学科には留学生がたくさんいます。

3　かばんには雑誌や化粧品などがあります。

4　いすの下に猫がいます。

5　今日も明日も休みです。

포인트 작문　　　　　　　　　　p.36~37

Ⅰ　1　① 免許証は家にあります。
　　　② 父は会社にいます。
　　　③ 猫は庭にいます。

　　2　① この建物には病院や薬局などがありま

す。
　②私の家には日本や中国の衣装があります。
　③動物園にはゾウやキリンなどがいます。

3　①店の前に駐車場があります。
　②公園の中に池があります。
　③机の下に犬がいます。

II　私の家はアパートの5階にあります。家には部屋が3つありますが、私の部屋は玄関のすぐ右にあります。部屋には、机やベッド、本だななどがあります。机の上にはパソコンと写真立てがあります。そして、私の家にはペットもいます。白い子犬です。とてもかわいいです。

체크&챌린지　　　　　　　　　　　　p.39

私の家は ❶ アパートの 21 階にあります。
部屋は ❷ 2つあります。
私の部屋は ❸ 台所の右にあります。
部屋には ❹ 机とベッド、化粧台などがあります。
❺ ベッドの近くには電気ストーブとゴミ箱があります。

☺ _____

そして、私の家には ❻ ハムスターがいます。
❻ ハムスターは ❼ とても愛くるしいです。

☺ _____

05과　私の一日

표현 보기　　　　　　　　　　　　p.42~43

1　日本語を勉強します / 勉強しません。
2　話をしながら帰ります。

3　家から会社まで2時間ぐらいかかります。
4　1. ①夜11時に寝ます。
　　　②30分後に空港に着きます。
　2. これから授業を始めます。
　3. ①交番で道を聞きます。
　　　②紙で飛行機を作ります。

포인트 작문　　　　　　　　　　　p.44~45

I　1　①私は午前9時に会社に着きます。
　　　②私は午後6時に家に帰ります。
　　　③私は9時に英語の勉強をします。
　2　①ラジオを聞きながら料理をします。
　　　②歌を歌いながら掃除をします。
　　　③テレビを見ながら電話で話します。
　3　①試験は今週の水曜日から来週の月曜日までです。
　　　②マラソンのコースは南山から汝矣島公園までです。
　　　③昼休みは12時から1時までです。

II　私は毎朝7時に起きます。そして、朝ごはんを食べながら新聞を読みます。会社まで地下鉄で1時間ぐらいかかります。地下鉄の中で本を読みます。仕事は9時から6時までですが、残業も多いです。仕事は大変ですが、やりがいがあります。

체크&챌린지　　　　　　　　　　　p.47

私は毎朝 ❶ 6時30分に起きます。
朝ごはんは ❷ 食べません。
学校まで ❸ バスで ❹ 40分ぐらいかかります。
授業は ❺ 9時から4時までです。

☺ _____

学校は ❻ 楽しいです。

❼ 6時ごろ、家に帰ります。

そして、❽ 音楽を聞きながらメールの確認をします。

06과 私の得意料理

표현 보기 p.50~51

1 この漢字の読み方がわかりません。
2 弟に英語を教えます。
3 朝6時に起きて軽い運動をします。
4 パスポートを見せてください。
5 鈴木先生の字は読みやすいです。

포인트 작문 p.52~53

I 1 ① コンビニでパンを買って食べます。
　　② 家でテレビを見て寝ます。
　　③ 映画館で映画を見て食事をします。
　2 ① 手紙の書き方を教えてください。
　　② 箸の持ち方を教えてください。
　　③ 切符の買い方を教えてください。
　3 ① ここは滑りやすいです。
　　② 吉田先生の授業はわかりやすいです。
　　③ 田中先輩は話しやすいです。

II 今日は韓国料理「トッポッキ」の作り方を紹介します。「トッポッキ」は子供から大人までみんなに人気があって、作り方も簡単です。まず、細長いもちと野菜を準備します。そして、コチュジャンと砂糖を混ぜてタレを作ってください。あとは材料とタレを一緒に煮込みます。トッポッキは食べやすくて、とてもおいしいです。

체크&챌린지 p.55

今日は韓国料理 ❶ 焼き飯の作り方を紹介します。
❶ 焼き飯は、❷ 作り方が簡単な料理です。
材料や調味料は ❸ ご飯、たまねぎ、ハム、キムチなどを準備します。
作り方は、❸ たまねぎ、ハム、キムチを ❹ 切って油で炒めてください。

☺ ＿＿＿＿＿＿＿＿＿＿＿＿＿＿＿

❶ 焼き飯は ❺ こうばしくておいしいです。

07과 私のほしいもの

표현 보기 p.58~59

1 私は新しい帽子がほしいです。
2 おいしいラーメンが食べたいです。
3 彼女は郵便局に勤めています。
4 佐藤さんは若く見えます。
5 ちょっと聞いてみます。

포인트 작문 p.60~61

I 1 ① 最近、日本のドラマを見ています。
　　② 毎日、新聞を読んでいます。
　　③ 最近、ダンスを習っています。
　2 ① ビールが飲みたいです。
　　② オーストラリアに行きたいです。
　　③ 友だちに会いたいです。
　3 ① 大きく書いてください。
　　② 安くしてください。
　　③ やさしく教えてください。

II 私は今、ほしいものがあります。それは、自転車です。フランス製の自転車で、100万ウォンくらいします。でも、私はどうしてもその自転車がほしいです。その自転車に乗って、韓国を一周したいです。それで、私はアルバ

イトをしています。早くその自転車に乗ってみたいです。

체크&챌린지 p.63

私は、今、ほしいものがあります。

それは ❶ つり道具です。

❷ 30万ウォンぐらいです。

😊 _____

❸ 趣味を楽しみたいから(早く)買いたいです。

それで、私は ❹ 貯金しています。

早く ❺ 使ってみたいです。

08과 私の秘訣

표현 보기 p.66~67

1　この話はだれにも言わないでください。
2　今日の試験は辞書を使ってもいいです。
3　部屋をきれいに掃除します。
4　就職するために英語を勉強しています。
5　今日は教会に行くつもりです。

포인트 작문 p.68~69

1　① 明日、友だちに会うつもりです。
　　② 来週、髪を切るつもりです。
　　③ 午後、図書館で本を探すつもりです。
2　① お酒を飲まないでください。
　　② ろうかで走らないでください。
　　③ たばこを吸わないでください。
3　① このケーキを食べてもいいですか。
　　② この本を借りてもいいですか。
　　③ ピアノを弾いてもいいですか。
Ⅱ　私は大学1年生から日本語を勉強しています。まだ、それほど上手ではありませんが、

私の秘訣を紹介します。
　1. 失敗を恐れないでください。
　2. 間違ってもいいから、他の人とたくさん話してください。
　3. 続けてください。
私は日本語を上手に話すためにこれからもがんばるつもりです。

체크&챌린지 p.71

私は ❶ 6ヶ月前から日本語を勉強しています。
一日 ❷ 2時間ぐらい日本語の勉強をしています。

まだ、それほど上手ではありませんが、

私の秘訣を紹介します。

❸ 1. ニュースを聞いてください。
　2. 日本人の友だちを作ってください。
　3. 失敗を気にしないでください。

😊 _____

私は ❹ 日本の会社とビジネスするために、

これからも ❺ 努力するつもりです。

09과 私の旅の思い出

표현 보기 p.74~75

1　彼女は会社を休んだことがありません。
2　たくさん歩いて疲れました。
3　大事な時計をなくしてしまいました。
4　明日は休みなので、朝寝坊します。
5　1. 昨日の試験は難しかったです。
　2. 昔、この漫画が好きでした。

포인트 작문 p.76~77

1　① 宿題を忘れたことがあります。

161

② この歌を聞いたことがあります。

③ トッポッキを作ったことがあります。

2　① 鈴木さんは忙しいので、自由な時間がありません。

② 岸田さんはわがままなので、人気がありません。

③ 今日は雨が降っているので、試合がありません。

3　① 一昨日、財布を落としてしまいました。

② 先週、風邪をひいてしまいました。

③ 昨日、塾をサボってしまいました。

II　私は今まで2回日本に行ったことがあります。そのうち1回は友だちの家におじゃましました。そのとき、私はスリッパをはいたまま、たたみの部屋に入ってしまいました。それで、友だちのお母さんがとてもびっくりしました。韓国と日本は習慣が違うので、私もびっくりしました。とても不思議でした。

체크&챌린지　p.79

私は ❶ タイ に行ったことがあります。

❷ 5年前 ❸ 家族 と行って、❹ 5日間 ぐらい滞在しました。

そこは、❺ 遺跡 が多くて、とてもよかったです。

☺ _____

でも、❺ オートバイ が多いので、びっくりしてしまいました。

☺ _____

10과　私の故郷

표현 보기　p.82~83

1　さっき渡辺という人が来ました。

2　明日来る人はだれですか。

3　出かけるときは、戸締まりに注意してください。

4　休みの日は音楽を聞いたり、散歩をしたりします。

5　デパートで何か買いましたか。

6　来週には花が咲くと思います。

포인트 작문　p.84~85

I　1　① 夜はインターネットをしたり、本を読んだりします。

② 明日はみんなで歌ったり、踊ったりします。

③ 週末は買い物に行ったり、友だちと遊んだりします。

2　① 明日行く店は有名です。

② 今読んでいる小説は難しいです。

③ 先週見た映画はつまらなかったです。

3　① 明日は晴れだと思います。

② 彼は成功すると思います。

③ 今日はだれも来ないと思います。

II　私の故郷は済州島という所です。済州島は、韓国の南の方にある島で、韓国の中では比較的暖かい方です。子供のときはよく山に登ったり、海で泳いだりして遊びました。食べ物は豚肉、みかんなどが有名です。今はソウルに住んでいますが、いつかは大好きな故郷で暮らしたいと思います。

체크&챌린지　p.87

私の故郷は ❶ テグ という所です。

❶ テグ は韓国の ❷ 南 の方にある ❷ 都市 で、韓国の中では比較的 ❸ 暖かい 方です。

子供のときはよく ❹ 木に登ったり、

たこあげをしたりして遊びました。

私の故郷は ❺ りんごや漢方薬剤 などが有名です。

また、❻ 人情あふれるところだと思います。

☺ _____

11과　私の夢

표현 보기　　　　　　　　　　　p.90~91

1　私は今年20才になります。
2　今年の目標は、5キロやせることです。
3　毎日寝る前に日本語の単語を勉強しています。
4　宿題をした後、テレビを見ました。
5　自分のことは自分でしなければなりません。
6　今日はこの服を着ようと思います。

포인트 작문　　　　　　　　　　p.92~93

Ⅰ　1　① 今日は早く帰らなければなりません。
　　　② 会員は会費を払わなければなりません。
　　　③ 学生は試験を受けなければなりません。
　2　① 来週からジムに通おうと思います。
　　　② 9時に会議を始めようと思います。
　　　③ 私も勉強会に参加しようと思います。
　3　① 食べる前に手を洗ってください。
　　　② 帰る前に提出してください。
　　　③ 先輩が来る前に片付けてください。

Ⅱ　私の夢は、韓国語教師になることです。日本に留学する前は特別な夢がありませんでした。しかし、日本から帰った後、韓国語教師になりたいと思いました。日本で韓国語を学ぶ人々と多く出会ったからです。韓国語教師になるためには、韓国語の勉強をたくさんしなければなりません。毎日勉強で忙しくて大変ですが、夢のためにがんばろうと思います。

체크&챌린지　　　　　　　　　　p.95

私の夢は、❶ 俳優 になることです。
❷ 大学に入学した後から、❶ 俳優 になりたいと思いました。
きっかけは
❸ 身近にその仕事で活躍している人がいる からです。
❶ 俳優 になるためには、
❹ 演技の練習を しなければなりません。
☺ _____
❺ 大変だけど、がんばろうと思います。

12과　私のできること

표현 보기　　　　　　　　　　　p.98~99

1　英語で話すことができますか。
2　私は納豆が食べられます。
3　日本語で少し話せるようになりました。
4　歯を磨いてから顔を洗います。
5　カタカナを書くのが苦手です。

포인트 작문　　　　　　　　　　p.100~101

Ⅰ　1　① もう少し仕事をしてから帰ります。
　　　② 野菜を切ってから煮込みます。
　　　③ 最後まで聞いてから意見を言います。
　2　① 鈴木さんは英語のニュースが聞き取れます。

② エリカさんは辛いものが食べられます。

③ 中川さんはバスの運転ができます。

3 ① 新しい家に引っ越して、毎日掃除をするようになりました。

② 日本に来て、日本語が話せるようになりました。

③ 手術を受けて、健康に気をつけるようになりました。

II 私はギターを弾くことができます。ギターを習って3年になります。最初は指が痛くて全然弾けませんでしたが、今は難しい曲も弾けるようになりました。今年、友人とバンドを組みました。まず曲を決めてから各自が練習して、その後みんなで演奏します。まだ人前で演奏したことはありませんが、いつかはステージに立つのが夢です。

체크&챌린지　　　　　　　　　p.103

私は ❶ ダンス が得意です。

❶ ダンス をはじめてから ❷ 3年 になります。

最初は ❸ 足の指が痛くて大変 でした。

今は ❹ うまくおどれる ようになりました。

😊 _____

いつか ❺ 全国ダンス大会に出る のが夢です。

13과　私の忘れられない人

표현 보기　　　　　　　　　p.106~107

1 日本語の勉強は、まだ始めたばかりです。

2 先生の研究室はまるで図書館のようでした。

3 友だちが漢字の読み方を教えてくれました。

4 私は金さんに手伝ってもらいました。

5 私は朴さんに傘を買ってあげました。

포인트 작문　　　　　　　　　p.108~109

I 1 ① このかばんは先週買ったばかりです。

② 私の兄は先月除隊したばかりです。

③ 試験は昨日終わったばかりです。

2 ① 母に昔話を読んでもらいました。

② 先輩に昼ごはんをおごってもらいました。

③ 友だちに宿題を見せてもらいました。

3 ① 山田さんは私にDVDを買ってくれました。

② 先輩は私にノートを見せてくれました。

③ 山本さんは私に本を貸してくれました。

II 私には、忘れられない人がいます。それは、高校3年生の時の先生です。先生は大学を卒業したばかりで、まるでお姉さんのようでした。私が悩んでいる時によく話を聞いてくれました。今年、私も教師になりました。以前、私が先生にしてもらったことを今度は学生たちにしてあげたいです。

체크&챌린지　　　　　　　　　p.111

私には、忘れられない人がいます。

それは、❶ 大学のときの先輩 です。

その ❶ 先輩 は、

まるで ❷ お兄さん のようでした。

❸-1 親とうまくいかないときに

❸-2 よく相談に乗ってくれました。

それで ❹ とてもうれしかった です。

😊 _____

いつか私がしてもらったことを他の人にしてあげたいです。

14과 私の韓国おすすめスポット

표현 보기 p.114~115

1 日本へ行くなら、北海道がいいと思います。
2 安ければ買います。
3 家に着いたら電話します。
4 私は中国人ではなく、韓国人です。
5 たぶん渡辺さんも参加するでしょう。
6 佐藤さんは忘れ物を取りに帰りました。

포인트 작문 p.116~117

I 1 ① もう少し登れば休憩所があります。
    ② 簡単ならやります。
    ③ このボタンを押せばコーヒーが出ます。
  2 ① 雨が止んだら出発します。
    ② 鈴木さんに会ったら伝えておきます。
    ③ 吉田さんが来たら全員そろいます。
  3 ① 昨日、友だちとご飯を食べに行きました。
    ② 先月、先生に会いに行きました。
    ③ 先日、運転免許の試験を受けに行きました。

II 韓国には、おすすめスポットがたくさんあります。観光を手軽に楽しむなら、明洞がおすすめです。場所はソウルの真ん中で、地下鉄で行けます。そこに行けば、ショッピングもエステも楽しむことができます。また、近くには韓屋マウルもあります。お腹がすいたら、食堂ではなく、屋台で安くておいしいものを食べてみるのもいいでしょう。皆さんも一度韓国に遊びに来てください。

체크&챌린지 p.119

韓国には、おすすめスポットがたくさんあります。
① 文化体験なら、② 安東がおすすめです。
場所は ③ 慶尚道で、④ バス行けます。
ここに行けば、⑤ 公演を見ることも韓国の伝統家屋を見ることもできます。
一通り観光が終わったら、
⑥ 屋台めぐりをするのもいいでしょう。
☺ _____
皆さんも一度韓国に遊びに来てください。

15과 私の性格

표현 보기 p.122~123

1 今にも雨が降りそうです。
2 鈴木さんが会社を辞めるらしいです。
3 先生に努力が足りないと言われました。
4 来月、日本から友だちが来るかもしれません。
5 毎日日本語の勉強をするようにしています。

포인트 작문 p.124~125

I 1 ① 佐藤さんはまじめそうです。
    ② 太田さんはたくさん飲みそうです。
    ③ あの選手は調子がよさそうです。
  2 ① 彼の家はお金持ちらしいです。
    ② 木村さんは田中さんが好きらしいです。
    ③ 吉田さんは来なかったらしいです。
  3 ① この授業は少し難しいかもしれません。
    ② この表現は不適切かもしれません。
    ③ この話はもう聞いたかもしれません。

Ⅱ 私は冷たそうに見えるらしいです。でも、実際はそうではありません。私をよく知っている親友には、意外と明るくてやさしいとよく言われます。私は人前であまり笑わないので、誤解する人が多いかもしれません。それで、このごろは毎朝、鏡の前で笑う練習をするようにしています。

체크&챌린지　p.127

私は❶暗そうに見えるらしいです。

でも、実際はそうではありません。

私をよく知っている人からは、

意外と❷おしゃべりだとよく言われます。

私は❸声が小さいので、誤解する人が多いかもしれません。

それで、❹大きな声で話すようにしています。

☺ _____

16과　私の好きな歌

표현 보기　p.130~131

1　友人によると、この科目は易しいそうです。

2　一生懸命勉強したのに、合格できませんでした。

3　もうみんな帰ったようです。

4　昨日は飲みすぎました。

5　ストレスがたまると、食べたくなります。

6　1. 最近彼の態度が冷たくなりました。
　　2. この店はテレビに出て有名になりました。

포인트 작문　p.132~133

Ⅰ　1　① このお寺はとても古いそうです。
　　　② ニューヨークはにぎやかだそうです。
　　　③ この薬はよく効くそうです。

　　2　① 森岡さんは学生なのに車を持っています。
　　　② この歌手は歌が下手なのに人気があります。
　　　③ 熱があるのに出かけました。

　　3　① 最近春らしくなりました。
　　　② 彼女はきれいになりました。
　　　③ 地下鉄ができて便利になりました。

Ⅱ　私の好きな歌はSMAPの「世界に一つだけの花」です。あるアンケート調査によると、この歌は毎年「好きな歌ランキング」の上位に入るそうです。もう何年も前の歌なのに、覚えている人が多いようです。特に私は「No.1にならなくてもいい」という歌詞が好きです。この頃の社会は競争が激しすぎます。私はこの歌を聞くと、気持ちが明るくなります。

체크&챌린지　p.135

私の好きな歌は、❶イ・ウンミの애인 있어요です。

❷韓国の歌謡で、❸昔の歌です。

ある❹-1調査によると、

この歌は❹-2カラオケで一番歌われているそうです。

❺すべての世代に人気があるようです。

☺ _____

私はこの歌を聞くと、❻切なくなります。

작문노트

01과 自己紹介

名前：

작문노트

02과　私の家族

名前：

03과 私の好きな季節

名前：

작문노트

04과 私の家

名前：

작문노트

05과 私の一日

名前 :

06과 私の得意料理

名前：

작문노트

07과　私のほしいもの

名前：

작문노트

08과 私の秘訣

名前：

09과　私の旅の思い出

名前：

작문노트

10과 私の故郷

名前：

작문노트

11과 私の夢

名前：

작문노트

12과 私のできること

名前：

작문노트

13과 私の忘れられない人

名前：

작문노트

14과 私の韓国おすすめスポット

名前：

작문노트

15과 私の性格

名前:

작문노트

16과 私の好きな歌

名前：

다락원 다이나믹 일본어 작문 초급

지은이 오현정, 도이 미호, 이시야마 데쓰야
펴낸이 정규도
펴낸곳 (주)다락원

초판 1쇄 발행 2012년 3월 20일
초판 6쇄 발행 2024년 8월 28일

책임편집 송화록, 임혜련
디자인 구수정, 오연주
일러스트 위싱스타

다락원 경기도 파주시 문발로 211
내용문의: (02)736-2031 내선 460~465
구입문의: (02)736-2031 내선 250~252
Fax: (02)732-2037
출판등록 1977년 9월 16일 제406-2008-000007호

Copyright ⓒ 2012, 오현정, 도이 미호, 이시야마 데쓰야

저자 및 출판사의 허락 없이 이 책의 일부 또는 전부를 무단 복제·전재·발췌할 수 없습니다. 구입 후 철회는 회사 내규에 부합하는 경우에 가능하므로 구입문의처에 문의하시기 바랍니다. 분실·파손 등에 따른 소비자 피해에 대해서는 공정거래위원회에서 고시한 소비자 분쟁 해결 기준에 따라 보상 가능합니다. 잘못된 책은 바꿔 드립니다.

ISBN 978-89-277-1078-3 14730
　　　978-89-277-1077-6 (세트)

http://www.darakwon.co.kr

- 다락원 홈페이지를 방문하시면 상세한 출판 정보와 함께 동영상강좌, MP3 자료 등 다양한 어학 정보를 얻으실 수 있습니다.